Elsa Punset
El mundo en tus manos

Elsa Punset

El mundo en tus manos

No es magia,
es inteligencia social

Obra editada en colaboración con Ediciones Destino – España

© 2014, Elsa Punset Bannel
© 2014, Ediciones Destino, S.A. – Barcelona, España
© Shutterstock, Hugh MacLeod, Redpixel e iStockphoto, de las ilustraciones de
las páginas 19, 55, 95 y 145

Derechos reservados

© 2014, Editorial Planeta Mexicana, S.A. de C.V.
Bajo el sello editorial DIANA M.R.
Avenida Presidente Masarik núm. 111, 2o. piso
Colonia Chapultepec Morales
C.P. 11570, México, D.F.
www.editorialplaneta.com.mx

Primera edición impresa en España: marzo de 2014
ISBN: 978-84-233-4654-7

Primera edición impresa en México: junio de 2014
ISBN: 978-607-07-2193-9

Impreso en los talleres de Litográfica Ingramex, S.A. de C.V.
Centeno núm. 162-1, colonia Granjas Esmeralda, México, D.F.
Impreso en México – *Printed in Mexico*

ÍNDICE

A Irene Fernández Metti, que tanto y tan bien
nos ha sabido entender y ayudar a crecer

La paradoja de la condición humana es que
solo logramos ser nosotros mismos bajo el influjo
de los demás.

BORIS CYRULNIK

QUERIDO LECTOR...

Tengas la edad que tengas, tu vida transcurre en un momento apasionante. No lo dudes. El mundo, con sus misterios y oportunidades, nunca ha estado tan cerca de ti. Estás inmerso en la revolución del conocimiento, que genera una sociedad creativa ya al alcance de todos. Piénsalo. Los medios tecnológicos están disparando la generación, el acceso y la aplicación de las oleadas de conocimiento que nos rodean. Esto está cambiando nuestras vidas en general, y tu vida en particular, si quieres.

Claro que te espera una vida compleja, no siempre fácil. No te servirán ya las elecciones inflexibles y binarias. Tendrás la oportunidad de trabajar en campos y países distintos, pero para ello necesitarás habilidades y competencias que te sean útiles en contextos diversos. Tendrás que estar siempre dispuesto a aprender y desaprender en un mundo en constante cambio, por lo que no valdrá dormirse en los laureles ni enterrar tu curiosidad antes de tiempo, es decir, antes del último día de tu vida. Como te rodea tanta información a menudo irrelevante para ti, necesitarás saber filtrar y recabar los conocimientos necesarios para poder innovar y liderar a tu medida. ¿Te gustaría tener el mundo en tus manos o lo estás mirando con recelo?

Si te sientes intimidado por la magnitud del reto que

te espera, tienes buenas razones para ello. De entrada, apenas nos han preparado para esta realidad compleja y cambiante. Lo cierto es que los principales cauces de aprendizaje de los que disponemos —nuestros sistemas educativos y los medios de comunicación— nos están fallando. Con brillantes y valientes excepciones, siguen mayoritariamente aferrados a un modelo caduco que se contenta con distraernos o con transmitir información a granel o a gritos.

Otro de nuestros retos pendientes es cerrar el abismo entre cómo pensamos y cómo vivimos. Te habrás fijado por ejemplo en que, aparentemente, todos estamos de acuerdo en que queremos una sociedad más libre, más empática, más compasiva y más creativa. Hablamos incansablemente de ello y publicamos evidencias científicas abrumadoras para defender esta visión del mundo. Pero nos queda un reto urgente: lograr que las ideas que defendemos sean reales, concretas y prácticas, y no solo palabras. Resulta desmotivador y triste pasarse la vida haciendo lo contrario de lo que decimos. No aceptes el divorcio entre pensamiento y acción: ayuda a cambiar el mundo a mejor. ¿Cómo? Encontrarás algunas claves en las páginas que tienes en tus manos. Voy a adelantarte alguna ahora mismo.

Un primer paso es reconocer lo que nos está pasando. Una parte del problema del divorcio entre nuestras ideas y nuestra vida real es que hemos cambiado muy bruscamente de creencias y modelos educativos. Hasta hace unas décadas, vivíamos en una sociedad donde la religión daba respuestas contundentes a nuestras preguntas vitales. Teníamos claro de dónde venimos, adónde vamos, por qué vivimos, qué hacer con el dolor, la tristeza, las pérdidas, la muerte o la alegría... Recalca el filósofo Alain de Botton que la Iglesia imponía además rutinas y gestos muy eficaces para implementar sus preceptos de forma práctica en nuestra vida diaria, por lo que vivíamos a la medida de nuestras creencias. Lo que creíamos, lo que pensábamos y lo que decíamos, aunque no fuera siempre atinado, encajaba. Esto era cómodo y reconfortante.

¿Qué ocurrió entonces? Vino la aplicación a gran escala del método científico y desmontamos en pocas décadas siglos de creencias reveladas. Claro que descartamos así no solo creencias injustas o absurdas, sino también muchas de las respuestas a nuestras dudas existenciales, morales y sociales. El inconveniente es que nos quedamos sin cobijo existencial y sin normas claras. Lo cierto es que el nihilismo intelectual de buena parte del siglo xx, con su premisa implacable (y paradójicamente irracional) de que lo que no se puede medir no existe, ha logrado imponer unos mínimos de cordura en nuestra forma de entender el mundo, pero no ha podido o sabido ayudarnos a vivir y a convivir mejor.

El resultado del desfase entre lo que nos ofrecen y lo que necesitamos de verdad es que las demandas más fundamentales de nuestra naturaleza humana no están recibiendo una respuesta coherente y sistemática. Para compensar, hoy en día nos sobreprotegemos en lo físico, pero nos abandonamos en lo emocional. Es una de las debilidades más evidentes de nuestra sociedad actual. Consumimos y nos distraemos mientras se desploman nuestros indicadores de bienestar mental.[1]

Hace falta volver a equilibrar la balanza entre lo que

---

1. En los próximos veinte años, la depresión se convertirá en la enfermedad que más padecerán los seres humanos, superando al cáncer y los trastornos cardiovasculares, afirma la Organización Mundial de la Salud (OMS), y en un problema de salud agudo para las sociedades, tanto económica como socialmente.

necesitamos para sobrevivir físicamente y lo que reclama la mente inquieta, simbólica, creativa y apasionada de los humanos.

Hemos echado un vistazo a nuestras debilidades, pero veamos ahora cuáles son nuestras fortalezas. Sobre todo, contamos con un aliado magnífico: un cerebro adaptable, creativo y, aunque a veces lo olvidamos, profundamente social. Sentimos no solo el placer, sino la necesidad de relacionarnos y de estar conectados. Estamos biológicamente dotados para convivir, colaborar y cuidar de los demás, así que, por fortuna, este mundo actual de redes sociales que potencia una diversidad social, cultural y creativa inédita está hecho a nuestra medida, a tu medida: seas quien seas, estás dotado para comprender a los demás; para comunicarte eficazmente; para tener relaciones interpersonales satisfactorias; para resolver conflictos y superar la adversidad; para tomar decisiones estratégicas; para expresar tu capacidad creativa; para desarrollar una perspectiva global en un mundo cada vez más complejo e interconectado; para colaborar libremente con tu entorno, y para amar, disfrutar y aprender con los demás. ¿Lo haces?

Si piensas que sobrestimo tus capacidades, estás equivocado. Me dirás que también estás dotado para imaginar peligros, sufrir, obedecer, obcecarte y ser infeliz. Y tendrás razón, porque nos dejamos enredar por un cerebro histriónico que está programado para sobrevivir. A menudo no hay peor cárcel que la que fabricamos para nosotros mismos con nuestros prejuicios, costumbres, miedos, envidias y pereza. Pero tienes suerte, porque vives en una época que te invita descaradamente a que pongas en práctica el potencial de tu cerebro. Conocemos razonablemente bien los fundamentos de muchas de las habilidades y competencias que nos ayudan a gestionar nuestra profunda naturaleza social y creativa. Simplemente, necesitas entrenarlas. Es cuestión de voluntad, de que empieces a trabajar tu mente como aprendimos en el siglo xx a trabajar y cuidar el cuerpo. ¿Quieres empezar a incorporar estos nuevos conocimientos a tu vida?

Allá vamos. En estas páginas encontrarás las claves y los gestos fundamentales que te ayudarán a comprender, apreciar y gestionar la diversidad y la complejidad del mundo que nos rodea y de las relaciones que definen tu vida. No es magia, son las claves de la inteligencia social que tienes en tus manos.

¡Bienvenidos al mundo!

*Una sugerencia de la autora para que este libro te
ayude a poner el mundo en tus manos...*

Pensar no es suficiente. Ni siquiera pensar *positivamente* es suficiente... Tenemos el reto pendiente, y urgente, de cerrar el abismo entre cómo pensamos y cómo vivimos. O si lo prefieres, entre lo que decimos y lo que
hacemos. «Tu vida es tu mensaje», dijo Gandhi. Y podía
haber añadido que tu vida es, también, tu obra. Porque
no eres lo que dices, eres lo que haces. Y esto, lograr unir
el pensamiento con la acción, es inteligencia emocional y
social.

¿Cómo puedes hacerlo? Está en tus manos. La neurociencia nos ofrece dos claves fundamentales, que quiero
compartir contigo ahora, para transformar la información que nos rodea en conocimiento, es decir, en algo que
puedas aplicar a tu vida, que te sirva de verdad.

La primera clave es esta: El entretenimiento no está
reñido con el conocimiento. ¡Al contrario! El punto álgi-
do en la curva de aprendizaje está entre el aburrimien-
to y el estrés. No te aburras, pero tampoco te estreses.
Aprendemos mejor cuando liberamos el cerebro de la
necesidad de estar en guardia y cuando disfrutamos. Tenemos una herencia de desconfianza hacia la alegría y la
risa, porque venimos de un mundo donde el reto princi-

pal era sobrevivir con esfuerzo, con los dientes apreta-
dos... Solo con sonreír ahora, mientras me estás leyendo,
conseguirás generar un química que te hará sentir un
poco mejor contigo mismo. Recuerda que a nuestro cerebro programado para sobrevivir, la felicidad le parece
un simple lujo biológico, algo que lo distrae de su función de supervivencia. Así que tenemos que entrenarnos
conscientemente en la risa y la alegría.

Y aquí tienes la segunda clave para transformar la
información en conocimiento: Hay que entrenar la mente de la misma forma que hemos aprendido a entrenar el
cuerpo. Resulta que, contrariamente a lo que se nos ha
dicho durante siglos, podemos aprender y desaprender,
porque el cerebro es plástico, es decir, es un órgano maleable. Eso nos está liberando de muchas de las ataduras
que conllevan nuestras circunstancias y nuestra genética,
y que hasta hace poco nos parecían inamovibles... Es
una llave de libertad enorme. Pero la plasticidad cerebral
tiene una paradoja: una vez que has aprendido algo, aunque sea sin darte cuenta, cuesta mucho desaprenderlo,
porque ya has creado un camino físico, químico y eléc-
trico en tu cerebro. ¡Por eso nos cuesta tanto cambiar!
Para aprender y desaprender hábitos mentales y físicos,
hay que entrenar el cerebro con paciencia y constancia.

Por ello, para facilitarte el cambio, cada capítulo de
este libro concluye con una doble página de entrenamiento, para que puedas poner en práctica lo que quieres encarnar en tu vida. Además, en el capítulo 4 encontrarás una completa tabla de entrenamiento para mejorar
tu energía vital. ¡Disfrútala y rompe tus barreras!

CAPÍTULO UNO
BIENVENIDOS AL MUNDO
Por qué los demás nos importan tanto

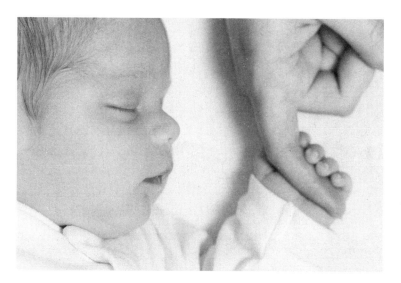

En este capítulo vamos a descubrir las razones principales por las que necesitamos el amor y la aceptación de los demás para sentirnos bien.[1] Veremos primero cuáles son las razones evolutivas de nuestra dependencia de los demás —esto es, nuestra herencia cultural y genética— y cómo en la niñez se esconden muchas claves acerca de cómo nos relacionamos con los demás. Hay cuatro formas básicas de relacionarse con los otros... ¿Conoces la tuya? Aquí la descubrirás. Para terminar este capítulo, disfrutarás con una doble página de entrenamiento que te ayudará a poner en práctica los progresos que haces día a día para mejorar tus relaciones con los demás. ¿Estás preparado? ¡Adelante!

1. Casi nadie escapa a esta regla, excepto una minoría de personas, los «psicópatas sociales», que suelen mostrar una actividad más débil en las zonas del cerebro ligadas a la empatía, a la moralidad y al autocontrol.

No eres una isla. Las redes que sustentan tu mundo están densamente tejidas. Cada célula, cada partícula, cada emoción y cada idea que te sostienen gravitan, de forma visible o soterrada, hacia el resto del mundo. Si eres químico, astrónomo o neurocientífico, lo llamas gravedad, vínculo molecular, enlace de hidrógeno o conectividad sináptica... Si eres humano y has aprendido a poner nombre a tus emociones, a esa necesidad urgente de conectarte con los demás la llamas amor o desamor en cualquiera de sus expresiones: deseo, desprecio, afecto, compañerismo, envidia, complicidad, odio, desconfianza, admiración, amistad, simpatía, ternura... Todo lo que sientes te acerca y te enmaraña con los demás. Es tu forma de comunicarte y de vincularte con el mundo.

Desde el primer día de tu vida estabas ya programado para dejarte fascinar por las caras, en particular por las caras sonrientes... Y seguirás sintiendo fascinación y necesidad por los demás el resto de tus días. Estén lejos o cerca, fabricamos a lo largo de nuestra vida un entramado de vínculos diversos con las personas, que alimentamos y mantenemos trabajosamente, resistiéndonos a romperlos aunque duelan, porque nuestra naturaleza nos lleva a relacionarnos intensamente con el resto del mundo, para bien y para mal.

Y es que sentimos instintivamente que nuestra seguridad, nuestra salud mental y nuestro bienestar físico y emocional dependen de que los demás nos acepten. Medimos esa aceptación según el tipo de emociones que nos muestran —o que nosotros creemos que nos muestran— y que traslucen aceptación o rechazo, aislamiento o pertenencia. En función de esta necesidad profunda de pertenencia se articulan nuestras ideas, creencias, deseos y miedos, nuestra forma de vivir, de consumir, de juzgar y de relacionarnos con los demás. Todo ello conforma una clarísima gramática social que podemos aprender a nombrar y a gestionar, aunque no suelen enseñárnosla donde podrían, en las escuelas y los hogares.[2] Por eso la mayoría crecemos y nos incorporarnos al mundo sin comprender ni saber poner nombre a las arenas movedizas donde plantamos nuestras banderas, donde establecemos nuestro hogar.

¿Y esto siempre ha sido así para todos?

Siempre, y para todos. Piensa en todas las formas de vida que habitan nuestro planeta. La vida ofrece un espectáculo de especies adaptables y oportunistas de todos los tamaños, muchas invisibles para el ojo humano, que buscan cualquier hueco en la tierra para sobrevivir.

Y entre tantas especies, en esta explosión de vida destaca una especie aparentemente frágil, la nuestra. Nos

2. Tradicionalmente, esta gramática o inteligencia social, así como las competencias y habilidades que lleva aparejadas, ha estado en manos de psicólogos o de personas afortunadas educadas para este fin, pero no de la gran mayoría. La mayoría vamos a ciegas, a menos que nos interesemos deliberadamente por comprender el mundo que nos rodea.

faltan muchas cualidades y fortalezas físicas que otras especies sí tienen: carecemos de una piel recia para protegernos del frío, de grandes fauces para machacar nuestros alimentos o a nuestros contendientes, nuestros pies son frágiles y los climas extremos pueden matarnos... ¿Cuál es entonces nuestro secreto, la fortaleza que nos permite no solo sobrevivir, sino incluso ser una de las especies más exitosas de la tierra?

La fortaleza de nuestra especie reside precisamente en nuestra capacidad para adaptarnos a cualquier entorno. No dependemos de un solo entorno, y por ello, al contrario de lo que les pasa, por ejemplo, a un caballito de mar o a un ciempiés, no necesitamos hacer, decir y pensar siempre lo mismo. Somos adaptables y podemos cambiar nuestras rutinas.

Pero no solo descubrimos las ventajas inagotables de la colaboración cuando arrecia el ansia de supervivencia de una especie que se siente vulnerable... Juntos no solo sobrevivimos mejor, sino que nuestra ambición por conquistar metas y transformar el mundo que nos rodea también depende en buena medida de los demás. Por ello, otro de los catalizadores para innovar es nuestra capacidad de querer siempre mejorar las cosas, de superarnos a nosotros mismos. Estamos dotados como ninguna especie para transformar nuestro entorno a voluntad, a la medida de nuestras necesidades. ¿Necesitamos más comida? Sembramos. ¿Queremos luz por la noche? Inventamos la electricidad. ¿Hace frío? Sabemos producir calefacción o hacer fuego. ¿Queremos viajar a la Luna? Fabricamos lo que necesitamos para vivir en un entorno hostil para nosotros. Ese es nuestro talento: fabricamos las herramientas que necesitamos para adaptarnos a casi cualquier lugar o situación. La mirada humana deslumbra cuando se empeña en arrancar de la materia gris un poquito de magia para convertir, por ejemplo, un huevo de gallina en dinosaurio, o un filamento de carbón y una botella de vidrio en una bombilla... Somos buenos enfrentándonos a retos.

Nuestro cerebro es la clave de nuestro éxito

Así que nuestra especie fabrica herramientas y desarrolla técnicas que nos permiten suplir nuestra fragilidad física y disparar nuestra capacidad para adaptarnos y transformar nuestros entornos, y esto lo conseguimos gracias a una corteza cerebral relativamente desarrollada (en comparación con otras especies) desde la cual soñamos, elucubramos, inventamos, decidimos y hablamos. Estamos dotados para inventar, crear y transformar. Gracias a ello, una especie frágil como la nuestra ha sido capaz de adaptarse y prosperar en nuestro planeta.[3]

Y todo esto lo podemos hacer en buena medida individualmente. Pero ahora imagina lo siguiente:

Si una sola persona es capaz de crear y transformar, ¡imagina cuando nos juntamos muchos!

Nuestra capacidad para inventar y transformar se dispara cuando nos juntamos para pensar colectivamente. Por ello, mejor cuantos más somos. Nuestra fuerza, para bien y para mal, está en la sociedad que hemos creado, que funciona «como un solo hombre» o «como una sola mujer».

---

3. Esto podría dar pistas para comprender en qué consume el 20 por ciento de la energía total disponible el cerebro, este órgano misterioso que solo representa el 2 por ciento del peso promedio de una persona.

Por ello somos una especie eminentemente social y, por tanto, interdependiente. Desde que nacemos, los humanos hemos intuido que depender de los demás puede ser una fuente no solo de protección, sino de creatividad, y este convencimiento lo han expresado a lo largo de los siglos innumerables poetas, escritores, científicos, políticos... Martin Luther King, por ejemplo, describía así la interrelación humana:

«En verdad el asunto se reduce a esto: toda vida está interrelacionada. Cada uno de nosotros está atrapado en una red ineludible de reciprocidad, atado por un hilo del destino. Lo que afecta a un individuo de forma directa, nos afecta a todos de forma indirecta. Estamos hechos para vivir juntos debido a la estructura interrelacionada de la realidad. ¿Te has parado alguna vez a pensar que no puedes irte a trabajar por la mañana sin algún tipo de dependencia de buena parte del mundo? Te levantas de la cama, vas al baño y coges una esponja, que ha llegado hasta ti gracias a un isleño del Pacífico. Coges una pastilla de jabón, y esta te ha llegado gracias a un francés. Y luego vas a la cocina para tomarte tu café de la mañana, y eso es posible gracias a un sudamericano. Tal vez desees té: este llega a tu taza gracias a un chino. O tal vez prefieras cacao para el desayuno, y eso es posible gracias a un africano. Luego te prepararás una tostada, y esta habrá llegado a tus manos gracias a un agricultor inglés, por no mencionar al panadero. Y antes de terminar con tu desayuno habrás dependido de casi la mitad del mundo. Esta es la forma en que nuestro universo está estructurado, este es el tipo de relación recíproca. No vamos a tener paz en la Tierra hasta que reconozcamos este hecho básico que es la estructura interrelacionada de toda nuestra realidad».

Somos interdependientes, y eso se refleja en todo lo

que nos rodea: no solo en lo que consumimos, producimos o inventamos, sino también en cómo vivimos, es decir, en nuestras estructuras sociales. ¡Lo hacemos todo colectivamente! Nuestro colectivo más pequeño es la unidad familiar, que empieza por una pareja, que se une para criar a unos hijos. Y es que también en este caso, ninguna otra especie pasa tanto tiempo colaborando, e invierte tanto esfuerzo criando hijos, educándolos y trabajando sus capacidades y el lento desarrollo de los cerebros que nos hacen capaces de sobrevivir.

Si esto siempre ha sido así, ¿por qué hoy en día hablamos cada vez más de la importancia de la inteligencia colectiva, como si fuese algo nuevo?

En las últimas décadas ha ocurrido algo extraordinario: hemos desarrollado medios tecnológicos que nos permiten explotar aún más nuestra capacidad creativa y transformadora. Esta es la época que te toca vivir, una época en la que nuestra interdependencia se ha disparado a raíz de las redes sociales y de los medios tecnológicos. Y es que cuanto más conectados estamos, más rápido circulan las ideas. Ahora, gracias a internet, alguien puede tener una idea en Tokio por la mañana, subir un vídeo a YouTube y poco después la información llegará a Chicago. Pasa en todas las disciplinas, desde la ciencia hasta la danza,[4] así que en un mundo que cambia a tanta velocidad se valora sobre todo tu capacidad para reinventarte y encontrar soluciones creativas ante problemas inesperados. Y por ello nuestra inteligencia social colectiva, que nos permite convivir, crear y transformar

---

4. El escritor Mark Stevenson desarrolla esta idea en su libro *Un viaje optimista por el futuro* (Galaxia Gutenberg, 2011).

el mundo *juntos*, deviene más y más importante en entornos cada vez más fluidos, conectados, cambiantes y creativos.

Además, la inteligencia social que nos conecta no solo es fundamental para tu creatividad y tu bienestar mental y emocional, sino también para tu salud física.

¿Dices que el impacto de las relaciones con los demás no solo es emocional, sino también físico?

Sin la menor duda. Tenemos evidencias abrumadoras acerca del impacto físico de los demás en nuestras vidas, para bien y para mal. Las personas que tienen buenas relaciones con los demás no solo viven más tiempo, sino que viven vidas más sanas. Si se cortan un dedo, la herida se cerrará antes. Si sus amigos engordan, ellos también tendrán más tendencia a engordar.[5] Si tienen la presión alta, bajará cuando estén con una persona querida. En cambio, el sistema inmunológico se debilita cuando eres infeliz en pareja.

¿Cómo es posible que lo emocional tenga este impacto físico?

Porque nos conectamos con las personas que amamos o que odiamos no solo psicológicamente, sino también fisiológicamente. Los circuitos cerebrales dedicados a desarrollar vínculos de apego con los demás están conectados con nuestro sistema nervioso autónomo, es decir, el sistema que gobierna nuestra respiración, nuestro sueño, el hambre, el latido del corazón, la presión arterial y las

---

5. Estudio dirigido por David Shoham, en colaboración con the National Institute of Child Health and Human Development.

demás funciones automáticas, las que no controlamos conscientemente. Como no los controlas conscientemente, estos sistemas dependen de otros estímulos, como tu entorno. Es por ello por lo que un ser querido que te coge la mano o te abraza puede bajar tu presión arterial y atenuar tu dolor si estás enfermo.[6] Si disfrutamos de relaciones cálidas y sólidas con los demás, nuestro cuerpo reacciona sintiendo ese mismo bienestar y seguridad. Podríamos resumirlo con estas sencillas palabras: «Tu bienestar es mi bienestar». Como puedes imaginar, esta es un arma de doble filo, porque podemos hacer mucho bien o mucho mal a los demás. Y viceversa, ellos a ti.

En resumen, hemos visto que tenemos la necesidad básica de estar conectados para sobrevivir y sentirnos protegidos, para aunar fuerzas, para repartir recursos finitos, para producir y crear, y para asegurar nuestro bienestar físico y emocional. En todos los sentidos, el impacto de las personas que nos rodean es ineludible. No hay escapatoria. Por ello la naturaleza nos ha dotado de mecanismos fisiológicos que potencian y refuerzan nuestros lazos y nuestras interdependencias. De entrada, compartimos al nacer las emociones básicas y universales que conforman nuestro único lenguaje común. Además, contagiamos estas emociones inconscientemente a las personas que nos rodean. Vivimos sumergidos en un mar de apegos y emociones en el que cualquier palabra o gesto se contagia: el hastío genera más desgana, la dureza desgarra, el afecto consolida la confianza. Y aprendemos imitándonos. La explosión tecnológica y las redes

---

6. Estudio de la Universidad de California. Otro estudio del University College de Londres, dirigido por el neurocientífico Giandomenico Iannetti, sugiere que incluso abrazarse a uno mismo también disminuye el dolor.

sociales simplemente están potenciando nuestra capacidad innata para el contagio de las emociones y de las ideas, y facilitando la comunicación, y por tanto la creatividad.

¿En qué momento empiezo a relacionarme con los demás?

Los demás pesan tanto en nuestra vida que ya al nacer nos miramos en los ojos de quienes nos rodean hasta fundirnos en su reflejo. ¿Por qué? Solo das valor y medida a lo que haces cuando percibes su impacto en otra persona. Necesitas verte reflejado en el otro para poder asignar un valor a lo que haces. Aprendo a usar mis manos y mis palabras calcándome en las tuyas. Compruebo lo que valgo en función de cómo reaccionas. No existo fuera de tu contexto. ¿Cómo podría saber qué valor tiene lo que hago si no tuviese un efecto en lo que me rodea?

A medida que nos hacemos adultos, adquirimos así el bagaje que nos permite establecer relaciones con los demás: deseos, valores, carencias, expectativas y decepciones que están a la medida de quienes nos rodean y que nos descubren las preferencias y los rechazos del resto del mundo.

Así que me dirás que la etapa más importante en este sentido es la infancia...

Efectivamente, la etapa más determinante en este sentido es la infancia, porque es cuando aprendemos imitando a los adultos que nos rodean. Es cuando se fijan los grandes patrones emocionales que utilizaremos el resto de nuestras vidas para interpretar el mundo. Si nuestros padres o cuidadores nos miraban con aprecio y nos trataron con cariño, aprenderemos a tratar a los demás de forma similar y a esperar ese trato de vuelta. Pero si el hogar de nuestros padres encerró dosis significativas —sutiles o descaradas— de dolor, rechazo, traición o resignación, la tendencia es a repetir los patrones aprendidos en casa.[7]

Y así nacemos dos veces: primero a la vida informe y sin barreras, y después a la vida formateada y minada de prejuicios de quienes nos educan y nos rodean. Comprender qué mensajes y creencias aprendimos en la infancia acerca de cómo conviene relacionarse con los demás, descubrirlos y arrancarlos en alguna medida de nuestra mente inconsciente es necesario para poder mejorar nuestras relaciones con los demás.

El primer día de tu vida

Cuando naciste, te llevaron por primera vez a tu hogar. Allí estaba tu mundo: no importaban los muebles del salón ni la marca del coche que te trajo a casa, sino cómo te trataron las personas que iban a cuidar de

---

7. Una prueba contundente en este sentido proviene de un conocido experimento: el abandono de decenas de miles de huérfanos rumanos que nacieron cuando el dictador comunista Nicolae Ceausescu prohibió la planificación familiar. Los niños crecían en orfanatos, grupos de veinte niños con un adulto a su cargo. Gracias a las imágenes por escáner, podemos comprobar ahora que los cerebros de estos huérfanos contienen menos materia gris —esto es, menos neuronas— y, si nunca fueron adoptados, también menos materia blanca, la responsable de potenciar la conectividad del cerebro. Estas carencias afectan a la toma de decisiones, la memoria, las emociones y la capacidad de intercambio social.

ti. ¿Te acariciaron? ¿Te hablaban con ternura?[8] Tú no lo recuerdas, pero lo esencial de aquellos primeros días, semanas, meses y años está grabado a fuego en tu cerebro y ha dado pie a tus expectativas y convencimientos acerca del mundo, y por tanto ha conformado cómo te relacionas con las personas. Las conversaciones, el tono de la voz, cómo se trataban quienes convivían a tu alrededor, cómo te hablaban, si sentías que estaban disponibles cuando los necesitabas... Hoy en día, ¿te cuesta confiar en los demás? ¿Tus relaciones se rompen sin que sepas por qué? ¿O por el contrario, disfrutar de las personas te resulta fácil? ¿Sueles tener siempre un mismo tipo de relación? Allí, en esos primeros años de vida, están las claves de por qué te relacionas con los demás de una determinada manera.

¿Dices que tengo tendencia a relacionarme con los demás de una determinada manera, en función de cómo me trataron en casa?

Desde luego. Piénsalo: llevas años con la costumbre de medir los posibles peligros y alegrías de una forma concreta. Las cosas te parecen seguras, inseguras, te asustan o te parecen agradables de forma rutinaria. No necesitas volver a pensar a cada minuto: ¿me gusta esto

---

8. Hay importantes patrones químicos y eléctricos que se conforman en la infancia, por ejemplo, nuestro termostato de cortisol, que es la hormona del estrés, y que te hace «saltar» cuando te sientes estresado. Si el termostato está programado al alza, si has aprendido a tener miedo de todo, saltas a la mínima. Esto afecta al tamaño de diferentes partes del cerebro (por ejemplo, el hipocampo de las mujeres de las que se ha abusado de niñas tiende a ser más pequeño de lo normal).

de verdad? Asocias personas y eventos con determinadas emociones y te has acostumbrado a que eso sea así, y por tanto repites esa respuesta mental y ese comportamiento aprendido sin cuestionarlos.[9]

Todos funcionamos en base a patrones aprendidos e inconscientes. Por ello, pregúntate, ¿qué comportamientos tengo de forma repetitiva y casi automática? Pueden ser positivos para ti, o negativos, pero en cualquier caso los reconocerás porque son esas reacciones, palabras y sentimientos que sueles repetir, no importa con quién estés, y justificas diciendo: «Yo soy así, no tiene remedio».

---

9. En *Una mochila para el Universo* (Destino, 2012) dábamos este ejemplo: imagina que estás conduciendo, con una canción de los Rolling sonando en el coche. Y de repente, en una fracción de segundo, aparece una luz que se precipita en la parte derecha de tu coche y algo impacta contra ti. Durante esa fracción de segundo del impacto, todo va a cámara lenta: ves a alguien de pie en la calle caminando que te mira asombrado, ves las ramas de un árbol rozar la ventanilla del coche, y por fin el coche se estrella. Acabó el impacto físico. Pero el impacto emocional sigue. La adrenalina y otras hormonas del estrés están disparadas en tu cuerpo, y por tanto si no estás muerto o inconsciente, estás muy alerta, es algo casi sobrehumano. Todos los detalles del impacto están allí, en tu cerebro, los puedes ver una y otra vez. Durante las semanas posteriores, aunque tu memoria vaya desdibujándose, los detalles seguirán allí, te obsesionarán. Y cuando años más tarde veas un destello de luz como la del accidente, o escuches la música que tenías puesta en el coche, o veas un impermeable como el del hombre que te miraba la noche del accidente..., tu cuerpo responderá con un subidón de miedo. Tienes un recuerdo emocional. A partir de ahora, conducir de noche te asusta. Escuchar a los Rolling te recuerda el accidente. Las ramas de los árboles te inquietan. A veces, ni recuerdas por qué. Pero tu cerebro sí, es su forma de «protegerte», de decirte: «Eh, chico, ese recuerdo era muy importante. Lo pasaste fatal... No lo olvides». Es decir, que el cerebro almacena los recuerdos por si así te puede salvar en otra ocasión.

¿Puedo cuestionar estas asociaciones y cambiarlas si no me convienen?

¡Desde luego! Para ir entrando en calor con un ejemplo muy concreto, voy a contarte brevemente la historia de uno de los psicólogos que más ha trabajado para dilucidar cómo nos relacionamos con los demás. Se llama John Bowlby, y precisamente él utilizó lo que aprendió durante su infancia para descubrir lo importantes que son esos primeros años de vida a la hora de relacionarse con el resto del mundo, y el peso evolutivo por el cual la naturaleza nos empuja, desde que nacemos, a vincularnos a unas pocas personas que puedan asegurar nuestra supervivencia.

John Bowlby, el hombre que descubrió por qué la infancia es importante

Estamos en 1907. La madre de John Bowlby aparecía en las dependencias de los niños a primera hora de la mañana para dar instrucciones a las niñeras. Sus hijos la visitaban cada día después del té, de cuatro a cinco de la tarde, durante la llamada «hora del niño». A su padre, un conocido cirujano, lo veían una vez por semana, cuando lo seguían en procesión a través de Hyde Park para ir a misa los domingos, momentos que este aprovechaba para aleccionarles acerca de cómo era el mundo.

Aunque la madre de John aseguraba que solo importaba el primogénito de una familia, tuvo seis hijos. Tony, el mayor, era su favorito indiscutido, así que el pequeño John, que llegó segundo, aprendió a disfrutar solo de sus pequeños éxitos cuando los conseguía. Luego llegó Jim, que preocupaba a todos porque tenía algún tipo de retraso, algo inaceptable en una familia como aquella. Un día,

John leyó en el periódico que existía un extracto de glándula de mono que tenía efectos milagrosos sobre la salud de las personas y lo probó con Jim. No funcionó, así que John creció a caballo entre la brillantez de Tony y la debilidad de Jim. Puede que de ese escenario neurótico brotase su extraño interés posterior por los niños vulnerables. La madre de John admiraba a su padre con el mismo ahínco con el que despreciaba a su propia madre, de la que solo se le escuchó decir que siempre estaba en la cocina y que había tenido demasiados hijos. Admitía sin tapujos que sus hermanos pequeños la habían estorbado e irritado, y que nunca le gustaron los niños. Claro que su entorno no podía sino confirmar sus sentimientos: en la Inglaterra victoriana, los niños eran solo proyectos imperfectos e inmaduros que no presentaban interés por sí mismos. El reto de un niño era crecer como una planta sana: se pensaba que solo necesitaban agua, luz, ejercicio y guías firmes para no torcerse. Demasiada agua, o un exceso de afecto, podía tornar a los hijos blandos, dependientes y mimados. En las familias acomodadas, uno no perdía el tiempo criando a los hijos. Estaban a cargo de las niñeras.

En 1907, cuando una familia buscaba niñera, una de las decisiones que tomaba era si quería que la niñera fuese una señora o una sirvienta. Aunque muchos se contentaban con reclutar a las hijas de los campesinos, otros desconfiaban de los modales y valores de las clases más humildes.[10] «Aunque esta niñera se llama a sí misma "señora", puede estar segura de que no les causará ningún

---

10. «¿Cómo debemos llamarla? ¿Dónde tiene que comer? ¿Odiará a tus amigos o querrá conocerlos? Si fumas, ¿tienes que ofrecerle un cigarrillo?» Estas eran las dudas de una madre aparecidas en *Nursery World Magazine*, en los años veinte.

problema. Es una mujer de mediana edad, hija de un granjero, tranquila y sin pretensiones», tranquilizaba la señora Boucher, directora de una agencia de colocación de niñeras, a una clienta en 1910. Los hijos, aunque nadie los mencionase, sufrían las incoherencias de un sistema que pretendía encontrar madres de reemplazo sin consecuencias.

La niñera favorita de John era una chica de campo sana y sonriente que había venido a la ciudad en busca de una vida mejor. Llegó a casa de John unos días antes de su nacimiento y lo cuidó noche y día durante los primeros cuatro años de su vida. Probablemente John no recordase con claridad los rasgos o las palabras de su niñera, pero sí tal vez su aroma fresco y almidonado, las inflexiones de una voz robusta y alegre y su fuerte abrazo. Lo que sí recordaría con precisión el resto de su vida fue esto: un día, su niñera se despidió y no regresó. Empezaron de sopetón los interminables días de desconcierto cuando ella desapareció, la incredulidad, el miedo, las protestas, los lloros, la pena y, al fin, la resignación. La niñera había encontrado un trabajo mejor. Decía Bowlby que perderla fue como perder a una madre y que él se quedó huérfano a los cuatro años.[11]

11. Décadas más tarde, Bowlby habría de cuestionar las afirmaciones de Anna Freud en torno a la incapacidad de los niños para experimentar el duelo por un desarrollo del ego insuficiente (Anna Freud afirmaba que el niño sentiría solo breves episodios de ansiedad por la pérdida siempre y cuando lograse tener un cuidador sustituto). Frente a estas ideas, Bowlby afirmaba que tanto niños como adultos experimentaban procesos de duelo cuando perdían a una figura de apego. Bowlby sugirió también que un niño que experimentase pérdidas frecuentes (por ejemplo, si la figura de apego cambiaba de forma reiterada), podía desarrollar una incapacidad para crear vínculos profundos en el futuro.

En 1914, cuando John tenía siete años, destinaron a su padre a Francia durante casi toda la guerra y a los hijos los enviaron a un internado para evitar los peligros de los bombardeos sobre Londres, aunque esa siempre le pareció a John simplemente una excusa. «No le deseo esa suerte ni a un perro», diría años más tarde, aunque tal vez gracias a ello pudo llegar a comprender la importancia de los vínculos que desarrollamos con los demás en la infancia, y desarrollar teorías e investigaciones que revolucionaron nuestra comprensión actual de la importancia de los vínculos afectivos en los años decisivos de la infancia.

Lo que John Bowlby descubrió acerca de cómo nos relacionamos con los demás

¿Cómo se conforman nuestras relaciones con los demás? ¿Por qué a algunas personas les resultan fáciles y a otras difíciles? ¿Por qué unos huyen de las relaciones cercanas, mientras que otros tienden a aferrarse a sus parejas, hijos y amigos de forma dependiente?

Bowlby no se sentía cómodo con las ideas que se barajaban en la época, basadas en las teorías del psicoanálisis, que afirmaban, entre otros planteamientos, que la motivación para vincularnos a la madre es un instinto derivado de la alimentación o la sexualidad. Le marcó en este sentido la relación que estableció con dos alumnos en una escuela para niños con desajustes en la que trabajaba de voluntario. Uno de los niños era un adolescente aislado y solitario que había crecido sin madre y sin afecto. El otro era un gran ansioso de unos siete años, que seguía a Bowlby como a su sombra. Su intuición —que los niños necesitan para su correcto desarrollo emocional y social una relación estable y segura con al menos un adulto— necesitaba apoyarse en una teoría convincente respaldada por alguna evidencia científica, escasa hasta la fecha.[12] Descubrió entonces las teorías de Konrad Lorenz,[13] que ponían de manifiesto la importancia del *imprinting* (literalmente, «impronta»), un proceso de aprendizaje rápido y relativamente irreversible que se da al poco del nacimiento de las aves y del ganado.[14]

Las bases del trabajo de Bowlby y su equipo se centraron entonces en la observación del comportamiento de los bebés. Una de las personas más importantes en el equipo de Bowlby fue Mary Ainsworth, que contribuyó a definir las distintas formas de relacionarnos con los demás —los denominados «estilos de apego»—, al observar cómo los bebés, generalmente entre nueve y diecinueve meses, se comportan durante situaciones inhabituales para ellos, como el reencuentro con su padre o con su madre después de una separación estresante para el pequeño.[15] Valiéndose de conceptos de etología, cibernética, procesamiento de información, psicología del desarrollo y psicoanálisis, John Bowlby formuló los principios básicos de su teoría, basada en la concepción del vínculo de los hijos con la madre y su perturbación mediante la separación, la carencia y la pérdida.

12. Tal y como habían hecho Spitz (1946) y Erikson (1950), Bowlby creía en el concepto de las ventanas críticas en el embrión, y buscaba una explicación similar en la etapa infantil.

13. Konrad Lorenz, nacido en 1935, es uno de los fundadores de la etología, la rama de la biología y de la psicología experimental que estudia el comportamiento de los animales en el medio en el que se encuentran.

14. Los animales, como las personas, son sociables: interactúan, se comunican y desarrollan relaciones amistosas o de apego.

15. Mary Ainsworth desarrolló también el concepto de la sensibilidad maternal a las señales del bebé y su importancia en el desarrollo de los vínculos entre madres e hijos.

En esos años, en torno a 1948, John Bowlby también había contratado a James Robertson para llevar a cabo la observación de niños separados de sus padres en hospitales e instituciones. Robertson había sido objetor de conciencia durante la guerra, y a lo largo de ese tiempo había trabajado como encargado de la caldera en la institución de Anna Freud para niños huérfanos. Ella exigía que todos sus empleados, incluso los administrativos y los técnicos, apuntasen en tarjetones observaciones acerca del comportamiento de los niños.[16] De esta manera, Robertson adquirió las bases para observar a los pequeños y pudo contribuir al trabajo de Bowlby. Tras dos años recopilando datos, Robertson quiso un papel más activo en la defensa de los niños y, con un presupuesto miserable y sin casi experiencia técnica, filmó con precarios medios el impactante documental *Un niño de dos años va al hospital*.[17]

Esta película, que mostraba cómo la ausencia de una relación estrecha y cálida entre un niño y su madre —o una figura de apego— podía tener efectos significativos e irreversibles en la salud mental del niño, tuvo un gran impacto y ayudó a mejorar la suerte de muchos niños hospitalizados en Occidente, aunque levantó ampollas en todo el estamento médico.

Las investigaciones de Bowlby convencieron a Ronald Hargreaves, de la Organización Mundial de la Sa-

---

16. Estos tarjetones servían de base para las discusiones semanales del grupo de psicólogos y psiquiatras.

17. A *Two-Year-Old Goes to Hospital*, 1952. Para proteger la integridad científica del documental, Bowlby quiso que el niño fuese elegido al azar. En la misma línea podemos ver la película de Spitz, *Grief: A Peril in Infancy (Dolor: un peligro en la infancia)*, rodada en 1947.

lud (OMS), para encargarle un informe sobre la salud mental de los niños sin hogar en la Europa de la posguerra. Este encargo le dio a Bowlby la posibilidad de consultar y comparar notas con un gran número de colegas europeos y norteamericanos.[18] La publicación del informe tuvo un gran impacto en los cambios posteriores que se dieron en los protocolos y las prácticas en las instituciones para bebés y niños de la época. También cambió los protocolos de visita de padres a niños hospitalizados.

El enorme impacto del trabajo de John Bowlby despertó reticencias en distintos ámbitos. En los círculos académicos y respecto a sus colegas, Bowlby se distanció claramente de las teorías psicoanalíticas en boga que consideraban que la vida emocional de un niño estaba a merced de la fantasía, más que de los hechos concretos y reales que le acaecían al niño. Algunos críticos estaban en completo desacuerdo con que los niños necesitaban el afecto de un adulto (madre o cuidador) para poder funcionar con normalidad, o que una parte importante de la labor de los padres fuese la de desarrollar una relación personal constante con el niño. Otros cuestionaban la evidencia que sustentaba sus teorías.[19] Se llegó incluso a utilizar el informe de la OMS como arma política para decir que ya que separarse de la madre era nocivo, las madres

18. El informe, publicado por la OMS en 1951 con el título de *Maternal Care and Mental Health*, se tradujo a catorce idiomas y vendió más de cuatrocientas mil copias de la edición inglesa. Una segunda edición, llamada *Child Care and the Growth of Love*, con añadidos de Mary Ainsworth, se publicó en Penguin Books en 1965.

19. Fue Baumeister quien en 1995 logró sentar unas bases científicas sólidas para explicar la necesidad de pertenencia que sentimos los humanos, recalcando que el establecimiento de vínculos combina la interacción frecuente y el cuidado persistente del cuidador con el niño.

no deberían trabajar fuera de casa, algo que interesaba a los gobiernos de turno, que querían asegurar trabajo a los soldados que retornaban de la guerra, a pesar de que eso no encajaba en absoluto con las ideas de Bowlby.[20]

A pesar de las controversias, Bowlby logró transformar muchas de las ideas prevalentes hasta entonces. Estas son sus claves acerca de cómo un niño aprende a relacionarse con los demás:[21]

1. Un niño centra sus esfuerzos en encontrar seguridad emocional y física en una relación con un adulto o cuidador.[22]
2. Para que una relación florezca, el período crítico para los bebés está entre los seis meses y los dos años, cuando deben poder formar un vínculo con un adulto capaz de responder y ser sensible a las necesidades del niño.
3. Desde esa plataforma o relación segura, el niño logra ir aprendiendo a ser autónomo porque sabe que puede regresar a un lugar seguro.
4. La conexión con los demás nos da una estructura y un contexto más o menos estable y seguro en el que amar, sobrevivir, trabajar, crear y crecer.
5. Las respuestas, positivas o negativas, de nuestros padres a nuestras necesidades de apego crean unos modelos internos, una especie de patrones que guiarán la forma de relacionarse del niño. Bowlby

---

20. La *calidad* de la relación entre padre/madre e hijo parece ser más importante que el *tiempo* que se emplea en esta relación. aseguró Bowlby en *Attachment*, (Basic Books, 1969).

21. Esto es lo que Bowlby denominó técnicamente el «establecimiento de los vínculos de apego».

22. «Padre» o «madre» puede referirse en todos los casos a la persona o personas que cuidan de un niño de forma estable.

los llamó «modelos de trabajo» (en inglés, *working models*), porque ayudan al niño a anticipar y prever las respuestas de su cuidador.[23]

Sin esta relación primera, Bowlby aseguraba que era muy difícil que pudiese darse un desarrollo emocional y social sano en el niño. La conclusión de que «la relación inicial entre uno mismo y los demás sirve como patrón para todas las relaciones futuras» implica que llevamos a cuestas nuestra forma de relacionarnos con los demás a lo largo de la vida: influye en nuestros sentimientos de seguridad, en cómo interpretamos las reacciones de los demás hacia nosotros o en si somos capaces de mantener relaciones íntimas y seguras. Aunque mostramos características de todas las distintas formas de relacionarnos con los demás, tendemos a adoptar una de ellas. Por ello también defendía que «si una comunidad valora a sus niños, debe cuidar a sus padres», algo en lo que todavía nos queda mucho camino por recorrer.

¿Y cómo sé cuál es mi forma de relacionarme?

¿Quieres indagar en tu forma de relacionarte? Te será muy útil para mejorar tus relaciones con los demás. ¡Vamos allá! Volvamos por un momento a tu infancia. Básicamente, un niño registra si sus padres son accesibles y responden a sus necesidades. Por ello, cuando eras niño te marcaba lo siguiente:

¿Responde mi madre/padre/cuidador a mis llamadas de apoyo y protección?

---

23. Los niños suelen interpretar las experiencias a la luz de sus modelos operativos en lugar de cambiar sus modelos operativos para asumir nuevas experiencias.

Cierra los ojos y piensa en tu infancia. Ahora hazte esta pregunta: en una escala del 1 al 10, ¿cómo solían responder tu madre/padre/cuidador a tus llamadas de apoyo y protección?

Nunca
respondía

Siempre
respondía

Si tus padres siempre, casi siempre o a menudo respondían con cariño, tienes bastantes posibilidades de haber desarrollado una forma positiva de relacionarte y encariñarte con los demás. Los psicólogos lo denominan «estilo de apego seguro».

Si tus padres nunca, casi nunca o pocas veces respondían cariñosamente a tus llamadas de protección y afecto, tienes más probabilidades de tener un estilo de apego inseguro, lo cual quiere decir que no pudiste aprender a depender de los demás cuando eras pequeño, y por ello desconfías de que una relación de afecto pueda proporcionarte calidez, protección y cariño. Probablemente tienes lo que los psicólogos denominan «vínculos de apego inseguros». Hay varios tipos de apego inseguro, pero voy a dejar que los vayas descubriendo tú mismo a lo largo de las próximas páginas.

Hagamos un test para comprobar con más seguridad cuál es tu estilo a la hora de relacionarte con los demás

¡Manos a la obra! En el siguiente test verás una serie de afirmaciones, marca con una X la casilla blanca de aquellas en las que coincides. En caso contrario, no marques nada.[24]

24. Adaptadas del cuestionario de Fraley, Waller y Brennan (2000) y del libro *Attached*, de Amir Levine y Rachel Heller, pp. 40-43.

	A	B	C
No me cuesta seguir en contacto (platónico) con un ex; al fin y al cabo, tenemos muchas cosas en común.	▓		▓
Valoro más mi independencia que a mi pareja.	▓	▓	
A menudo me preocupo por si mi pareja deja de quererme.		▓	
Cuando me peleo con mi pareja, suelo decir o hacer cosas de las que luego me arrepiento.		▓	
Una pelea con mi pareja no suele hacerme cuestionar nuestra relación.	▓		▓
A veces me irrito o enfado con mi pareja sin saber por qué.	▓		
Si estoy saliendo con alguien y se pone frío y distante, no creo que me importe demasiado; incluso puede que me sienta aliviado.	▓		
Temo que cuando mi pareja me conozca mejor ya no le guste.			▓
Pienso mucho en mis relaciones.			▓
Me resulta fácil ser cariñoso/cariñosa con mi pareja.	▓		
Prefiero no compartir mis pensamientos más íntimos con mi pareja.	▓		▓
Me recupero deprisa después de romper con alguien. Es extraño lo poco que me cuesta dejar de pensar en ello.	▓		▓
Me siento cómodo/cómoda si alguien depende de mí o si yo dependo de alguien.			▓
Generalmente me encariño muy deprisa con mis parejas.			▓
A veces la gente me ve algo aburrido/aburrida porque no suelo montar numeritos con mi pareja.	▓		
Echo de menos a mi pareja cuando estamos separados, pero cuando estamos juntos siento la necesidad de escapar.	▓		▓
Me cuesta apoyar a mi pareja cuando él o ella se siente mal.	▓		
Me preocupa no ser lo suficientemente atractivo/atractiva.			▓
Creo que la mayoría de las personas son básicamente honradas y de confianza.	▓		
Si alguien con quien he salido unos meses me dice que quiere dejarlo, me sentiré mal al principio pero lo superaré.	▓		
Prefiero el sexo con parejas ocasionales que con una sola persona.			▓
A veces, cuando consigo lo que quiero de una relación, ya no estoy seguro de que sea eso lo que quiero.	▓		▓

Calcula cuántas respuestas A, B, y C tienes. Lee el tipo de perfil que te corresponde en función del mayor número de respuestas. Puedes también consultar otra de las respuestas si reconoces dos tendencias en tus respuestas (por ejemplo, A y B).[25]

Cuantas más frases hayas marcado en una categoría, más características tendrás de esa forma de relacionarte.[26]

A. Relaciones ansiosas (estilo de apego inseguro)

Te encanta estar muy cerca de tus seres queridos y tienes capacidad para una gran intimidad. Sin embargo, a menudo te preocupa que a tu pareja no le apetezca estar tan cerca de ti como te gustaría. Las relaciones tienden a consumir una gran parte de tu energía emocional. Tiendes a ser muy sensible a los cambios de humor y comportamiento de tu pareja, y aunque tu sexto sentido suele ser acertado, te tomas las reacciones de tu pareja de forma demasiado personal. Experimentas muchas emociones negativas en la relación y te disgustas a menudo. Por ello, tiendes a perder los papeles y a decir cosas que luego lamentas. Sin embargo, si la otra persona te da mucha seguridad, eres capaz de dejar a un lado buena parte de tus preocupaciones y de sentirte bien.

B. Relaciones seguras (estilo de apego seguro)

En las relaciones, te sale naturalmente ser cálido y amoroso. Disfrutas de la intimidad sin preocuparte de-

25. Recuerda que aunque las formas de relacionarnos con los demás son bastante estables, también son plásticas, es decir, que puedes cambiarlas.

26. Las descripciones de estilos de apego adulto que se ofrecen a continuación están extraídas del libro *Attached* (Rodale, 2011), de Amir Levine y Rachel Heller.

masiado. Te tomas los asuntos del corazón con filosofía y no sueles disgustarte fácilmente por los temas de pareja. Comunicas de forma eficaz tus necesidades y sentimientos a tu pareja, y se te da bien interpretar y dar respuesta a las pistas y señales emocionales de tu compañero. Compartes tus éxitos y problemas con tu pareja, y eres capaz de estar a su lado cuando él o ella te necesita.

C. Relaciones evitativas o distantes (estilo de apego inseguro)

Para ti es muy importante mantener tu independencia y tu autosuficiencia, y a menudo prefieres ser autónomo a mantener una relación íntima. Aunque sí deseas estar cerca de los demás, te sientes incómodo con demasiada cercanía y tiendes a mantener a tu pareja a una distancia segura. No inviertes demasiado tiempo preocupándote por tus relaciones románticas o temiendo ser rechazado. Tiendes a no abrirte a tus parejas, y éstas a menudo se quejan de que eres emocionalmente distante. En tus relaciones, a menudo eres muy sensible a cualquier señal de control o de invasión de tu territorio por parte de tu pareja.

Otra variante de esta forma de relacionarse es la evitativa-miedosa, que presenta emociones contradictorias frente a las relaciones, y suele basarse en la desvalorización de uno mismo y la desconfianza hacia la pareja. Esta forma de relacionarse puede darse en las personas que han sufrido pérdidas o abusos sexuales en la infancia. Respecto a esta cuarta y última forma de relacionarse con los demás, Amir Levine y Rachel Heller, los autores de *Attached*, recalcan:

«En muchos aspectos parece conveniente distinguir

entre dos grandes categorías: seguros e inseguros. Las personas con apego inseguro comparten el mismo punto de partida de referencia: son muy sensibles a cuestiones de apego en sus relaciones y no se les da bien expresar sus sentimientos y comunicarse. Así pues, la sensibilidad subyacente es la misma, pero la estrategia que utilizan las personas con tendencia a la evitación o a la ansiedad es diametralmente opuesta: los ansiosos se quejan, mientras que los evitativos reprimen».[27]

¿Y si todavía no lo tengo claro?

Pues podemos indagar un poco más. Si has sacado una puntuación alta en más de un estilo de apego y estás desconcertado, puede que te ayude saber que hay dos dimensiones que esencialmente determinan el estilo de apego:

- Lo confortable que te sientes en las relaciones íntimas y cercanas (o hasta donde intentas evitar la intimidad).

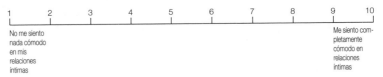

- La ansiedad que te provoca pensar en el amor, la atención que te dedica tu pareja y tu preocupación por la relación.

27. En muchos sentidos resulta más sencillo, por consiguiente, pasar de la ansiedad a la evitación, que a una forma de relacionarte segura, porque no estás cambiando la sensibilidad subyacente, sino solo la estrategia utilizada para afrontarla.

1	2	3	4	5	6	7	8	9	10

Temo que
mi pareja
me dedique
demasiado
poco tiempo
y atención y
me preocupa
nuestra
relación

Mi pareja me
dedica el
tiempo y la
atención
necesarias,
y no me
preocupa
nuestra
relación

Si combinas estas dos dimensiones —evitación/distancia y ansiedad— podrás reconocer tu tendencia a la hora de relacionarte. Por ejemplo, las personas que saquen una nota baja en la escala de evitación y también en la de ansiedad probablemente tengan un estilo de apego seguro, porque muestran comodidad frente a la intimidad y poca preocupación por el rechazo de su pareja. Ahora ya puedes situarte mejor en el grupo seguro o inseguro, y seguir indagando a partir de allí.

¿Cómo suelen ser las relaciones de apego del resto del mundo?

Depende básicamente de tres factores: de la familia que te toca en suerte, de tu genética y de tu educación. En sus investigaciones, los doctores Phillip Shaver y Cindy Hazan calcularon que en torno al 60 por ciento de las personas tienen formas de relacionarse seguras y positivas con los demás, el 20 por ciento mantienen relaciones evitativas y otro 20 por ciento se relaciona de forma insegura y ansiosa.

¿Puede cambiar a lo largo de mi vida mi forma de relacionarme con los demás?

¡Gran pregunta! Los estudios nos indican que en torno al 70 u 80 por ciento de las personas no experimentan cambios significativos en su forma de relacionarse a lo largo del tiempo (¡tal vez porque nadie explicó a la mayoría que podían cambiar de forma de relacionarse!; recuerda que solo logramos transformar aquello que comprendemos). Pero en torno al 20-30 por ciento sí que cambian, así que puede hacerse.[28] Tienes un cerebro plástico, y podrás cambiar todo aquello que logres comprender si te pones manos a la obra.

¿Cómo puedo transformar la forma de relacionarme con los demás?

Solo puedes cambiar aquello que comprendes. Comprende tu forma de relacionarte con los demás, descubre qué patrones has heredado en este sentido, y podrás gestionarlos de forma consciente para lograr cambios reales. Encontrarás pistas para ello al final de este capítulo, en las páginas de entrenamiento.

Tu autoestima es otra huella (o cicatriz) fundamental que la relación con tus padres ha dejado en ti

La relación entre lo que piensas acerca de ti mismo (tu autoestima) y cómo te educaron es muy poderosa. La razón es clara: hemos visto que el niño registra incons-

---

28. La investigación demuestra que una de cada cuatro personas cambiará su tipo de apego a lo largo de unos cuatro años. En la mayoría de los casos, el cambio se produce cuando inicias una relación que rompe con tus creencias acerca del amor. Si tu apego es seguro y sales con una persona ansiosa o evitativa, tienes muchas posibilidades de «cambiarla». En cambio, si eres ansioso, resulta mucho más complicado lograr cambiar a alguien evitativo (o viceversa). Lo que suele ocurrir en este tipo de relaciones es que las tendencias de uno y otro se agravan. En este caso, será necesario trabajar de forma conjunta y consciente para tomar el rumbo correcto.

cientemente la cantidad y calidad de la atención que recibe de sus padres. Esto tiene para él implicaciones importantes, porque le ayuda a desarrollar la imagen que tiene de sí mismo (su autoestima) en función de cómo le responde su cuidador o cuidadora. Es decir, que dos hechos que deberían ser independientes —1: ¿cómo me cuidan? Y 2: ¿qué clase de persona soy?— quedan íntimamente ligados en la mente del niño, que relacionará el tipo de atención recibido con su propio valor como persona. «Si no me atienden será porque no me lo merezco.» ¿Por qué piensa así un niño? Porque no quiere o no puede creer que sus padres o cuidadores sean mala gente, o incompetentes, o vagos... Cuando somos niños, no tenemos la experiencia de vida que nos permita hacer este tipo de juicios, ni la fuerza para criticar a nuestros padres. Los niños son profundamente leales a los adultos de los que dependen, así que si hay que criticar a alguien se critican a sí mismos. Piensan: «Esto [que me peguen, que abusen de mí, que no me hagan caso, que me insulten, que no me respeten...] me pasa porque me lo merezco».

Con el paso de los años, ¿vamos dependiendo más de los demás? ¿O quizá menos?

Cuando eras niño, si tenías una familia significaba que dependías de un entorno rígido, cerrado y estable: tenías unos «recursos» limitados que estaban en manos de tus padres (o cuidadores principales). Ellos eran los encargados de darte todo lo que necesitabas (que lo lograsen o no ya es otra historia). ¿Qué pasa a medida que nos emancipamos de nuestros padres? Piénsalo unos segundos. Tal vez la respuesta a esta pregunta te sorprenda. Cuando nos emancipamos de la tutela de nuestros progenitores, adquirimos nuestras propias responsabilidades en muchos campos: en el trabajo, en nuestros nuevos hogares con nuestros hijos y parejas, con nuestros amigos y conocidos, con nuestra comunidad, y en relación a las ideas y valores que defendemos... Cuando sales de la niñez, te toca defender y ser responsable de mucho más. Por ello, nuestra dependencia de los demás no es algo que superamos a medida que nos hacemos mayores, sino todo lo contrario: los adultos dependen de cada vez más personas a medida que crecen. Por ello, lo ideal es que tu red de recursos también sea cada vez mayor, para que tus crecientes necesidades puedan repartirse entre muchas personas diferentes. ¿Es eso cierto en tu caso? Si es así, ¡no temas! Al contrario: depender de muchas personas y redes no supone tener menos libertad de acción, sino más.

Veamos por qué: cuando tienes una red de personas cerrada y más bien rígida, se reducen tus posibilidades de encontrar apoyo. Una red rígida, aunque te parezca segura y estable, puede fallarte y dejarte en la estacada. Claro que esa red puede atender tus necesidades, y puede incluso que las personas que conforman esa red, y a las que pides tanta ayuda, afecto o recursos de forma habitual —por ejemplo, una abuela que cuida muchas horas de su nieto—, se presten con más o menos alegría a darte esa ayuda. Pero el resultado es que dependéis muy estrechamente los unos de los otros. ¿Qué problema puede suponer depender de una red de apoyo estable, pero rígida? El problema surge porque al depender tan estrechamente de una red cerrada, si algo falla en esa red te vuelves muy vulnerable. Si, por ejemplo, tu madre cuida de tu hijo durante tu jornada laboral y ese es el único recurso de que dispones, si tu madre enferma o fallece bruscamente, el trauma para ti, y para tu hijo, será mayor que si tuvieses más recursos.

¿Quieres decir que si tengo una red de dependencias estrecha, en realidad tengo menos recursos y soy menos creativo?

¡Efectivamente! De hecho, hay una cierta contradicción latente en nuestras vidas entre la seguridad, que implica estructura y rigidez, y la creatividad, que implica apertura y riesgo. La dependencia de una red cerrada y rígida dificulta mantener un clima abierto y creativo en tu vida.[29] ¡Y es que la creatividad está reñida con la rigidez!... Cuanto más rígida, segura y estable es tu vida, menos tendencia tendrás a la creatividad, porque te refugias en lo que tienes, no buscas más. *El reto está en encontrar un equilibrio entre creatividad y seguridad.* Este es un equilibrio complicado, que nos pasamos la vida renegociando con mejor o peor fortuna y voluntad. Hacerlo de forma deliberada y consciente te ayudará mucho a lograr un buen equilibrio entre lo uno y lo otro. Recuerda que esta negociación será más fácil para ti si amplías y flexibilizas tus redes de dependencia, es decir, si te abres al mundo.

29. Resultan importantes en este sentido las teorías del psicólogo George A. Kelly, esbozadas en los años cincuenta y que tuvieron un impacto considerable a lo largo de las siguientes décadas. Kelly elaboró lo que se conoce como «psicología de construcción personal». Psicólogos como Tyler (1981) describen su trabajo como «un hito en la apertura hacia la individualidad», ya que consideraba que las personas son aventureras natas, capaces de empujar las fronteras de sus vidas mientras cuestionan y experimentan con sus propias interpretaciones del mundo, interpretaciones que nos ayudan a predecir y a sentirnos seguros. Podéis encontrar más información en www.pcp-net.org.

ENTRENAMIENTO: ¡MANOS A LA OBRA!

¿QUIERES MEJORAR TUS RELACIONES CON LOS DEMÁS?[30]
Averigua si tienes una forma de relacionarte segura o insegura. En la página 42 de este capítulo, encontrarás un test para determinar tu forma de relacionarte (o estilo de apego).

Pon las cartas sobre la mesa y comunica tus necesidades con claridad. Si tuvieses que entrevistar a una serie de personas para desempeñar una labor en el trabajo, ¿harías preguntas indirectas y evitarías indagar claramente en quién es esa persona, qué capacidades posee y qué desea en la vida? Esa estrategia de entrevista sería poco eficaz. Lo mismo pasa en el ámbito personal: al inicio de una relación de cualquier tipo, no juegues a disimular cuáles son tus expectativas y necesidades. Para ello, piensa con palabras concretas en qué modelo de relación deseas y no tengas miedo de expresar esa necesidad claramente.

Haz un inventario de tu historial de relaciones desde el punto de vista de tu tendencia a tener relaciones seguras e inseguras, tal y como hemos compartido en este capítulo. Identifica patrones de comportamiento y de pensamiento debilitantes y elige unas pocas y muy concretas estrategias que puedas aplicar a tu vida diaria para mejorar tu forma de relacionarte con los demás.

¿QUIERES RELACIONARTE DE UNA FORMA MÁS SEGURA Y POSITIVA?
Ancla tus experiencias positivas. Haz una lista de los momentos o las etapas en los que te sentías seguro en una relación, y repite los comportamientos que te hacían sentir así. Si no tienes muchos recuerdos de esta índole, fíjate en un modelo de persona que muestre una forma de relacionarse «segura», obsérvala y pon en práctica algunos de sus recursos.

Pon en práctica buenos principios para la resolución de conflictos. Cuando tengas un conflicto con una persona querida, evita alejarte o asustarte. En vez de ello, centra tu atención en la resolución de este conflicto; por ejemplo, utilizando el «mensaje del yo» que encontrarás más abajo.

Si lo que quieres es una relación estable, distingue las señales de humo de las personas con estilos evitativos. Muchas personas con formas de relacionarse evitativas o distantes utilizan el recurso de mantener a la pareja en la incertidumbre. Si tú aceptas vivir en esa incertidumbre cuando en realidad tienes claro que quisieras una relación estable, te estarás colocando en un lugar incómodo y muy probablemente decepcionante para ti. Fíjate también en si esa persona te envía mensajes mezclados, si dice cosas íntimas cuando habla de vosotros, cuál es su historia sentimental...

Las personas lo desvelan casi todo acerca de sí mismos al principio de una relación. Escucha, mantén los ojos abiertos y sé coherente en tu elección.

¿QUIERES COMUNICARTE DE UNA FORMA MÁS EFICAZ Y CONSTRUCTIVA?[31]
Practica y utiliza formas de comunicarte eficaces, como el uso de los mensajes que empiezan con la palabra «yo».[32] Estos tienden a ser menos provocadores

---

30. Sugerencias adaptadas de *Attached*, de Amir Levine y Rachel Heller. Aunque estos autores desarrollan estrategias para las relaciones de pareja, estas pueden aplicarse a cualquier tipo de relación entre personas.

31. Adaptado de www.only-effective-communication-skills.com

32. También llamados mensajes en primera persona, o *I-messages* en inglés, originalmente desarrollados por el psicólogo Haim Ginott.

que los mensajes que empezamos con la palabra «tú». Si sueles utilizar frases como «Has roto tu promesa... No me escuchas... Siempre llegas tarde...», recibirás respuestas hostiles y a la defensiva. Esto no ayuda a resolver conflictos.

Con el mensaje del yo, el foco está en cómo te sientes tú frente a una determinada situación y comportamiento; simplemente expones una situación y su efecto sobre ti, sin crítica o agresividad. Las investigaciones muestran que esto es mucho más eficaz a la hora de resolver conflictos.

El mensaje del YO en cuatro pasos:[33]

1. Yo me siento... (expresa tu sentimiento).
2. Cuando tú... (describe la acción que te afecta).
3. Porque... (explica cómo te afecta esa acción).
4. Y me gustaría... (describe la situación que prefieres).

Un mensaje del yo tiene muchas más posibilidades de cambiar el comportamiento de la otra persona, porque protege su autoestima, protege vuestra relación y os ayuda a ambos a comprender mejor lo que ocurre entre vosotros, ya que centráis el problema y lo expresáis de forma concreta.

RESTABLECE DÍA A DÍA EL EQUILIBRIO MÁGICO ENTRE POSITIVO Y NEGATIVO[34]

Lleva la cuenta durante unos días del estado de tu equilibrio positivo-negativo. Lo estás contagiando, para bien y para mal, a todas las personas que te rodean, padres, hijos, pareja, compañeros, amigos... Y es que estamos hechos de emociones positivas y negativas. Con las emociones negativas tendemos a excluir, a protegernos, a rechazar, a sentir miedo: nos sobrevienen de forma natural porque tenemos un cerebro programado para sobrevivir y estamos pendientes de todo lo que pueda amenazarnos. Las emociones positivas tienden en cambio a incluir, a dejar entrar sentimientos de placer en nuestras vidas, como cuando nos divertimos o sentimos interés por algo, o nos maravillamos y nos sentimos inspirados o agradecidos. John Gottman, un prestigioso psicólogo norteamericano, predice con un alto grado de acierto si una pareja se va a divorciar en los siguientes cinco años solo con observarla durante quince minutos. Para este diagnóstico utiliza lo que denomina «el equilibrio mágico de las relaciones de pareja», que es de 1:5 a favor de lo positivo. Ello quiere decir que si comparamos lo positivo —el interés que mostramos por el otro, preguntarle cómo le ha ido el día, ser cariñoso...— y lo negativo —las críticas, la ira, la hostilidad, los sentimientos heridos...—, comprobamos que las parejas que duran, hacen y dicen cinco veces más cosas positivas que las que se separan. ¿Cuántas emociones positivas y negativas tienes en tu vida a lo largo del día? Para asegurarte, en la página 92 encontrarás sugerencias para llevar a cabo un esclarecedor diario del estrés. Como regla general, para reparar un comportamiento o contrarrestar un gesto o palabra negativo se necesita llevar a cabo cinco actos positivos por cada negativo, ya que para nuestro cerebro lo negativo pesa cinco veces más que lo positivo. Como dicen los italianos, *«Niente senza gioia»,* esto es, ¡nada sin alegría!

---

33. Mi experiencia formando a niños y adultos en el uso de los mensajes del yo es que como no estamos acostumbrados a hablar así, y que al principio cuesta un esfuerzo reformular nuestras críticas o quejas de este modo. Merece la pena practicar solo en casa con cualquier conflicto real o inventado, antes de confrontar a alguien con un mensaje del yo. Con la práctica, esta forma de abordar los conflictos se vuelve natural.

34. Extraído de *Una mochila para el Universo* (Elsa Punset, Destino, 2012, pp. 212- 213).

CAPÍTULO DOS

UN MUNDO DEMASIADO GRANDE PARA MÍ

«Tengo más de cien mil amigos en Facebook pero ninguno me puede dar un abrazo de seis segundos.»[1]

Bienvenido a Nadie le Importa. Población: 6.000 millones.

¿Cómo encajas en un mundo superpoblado e hiperconectado? ¿Sientes que es un lugar demasiado grande para ti? Podrás medir tu nivel de soledad con una sencilla escala, y descubrir los efectos de esta lacra en tu salud mental y física. ¿Cómo tratas a los demás? Aprenderás qué caracteriza un vínculo humano, reconocerás las tentaciones y las ventajas de las redes sociales que nos conectan y sabrás cómo mejorar tus relaciones en el siglo de la comunicación digital. En la doble página de entrenamiento final, podrás ponerte manos a la obra para hacer, en quince minutos, un revelador escáner de tu día, y cambiar, en sólo siete semanas, de pesimista a optimista. ¡Bienvenido!

1. El amor que no se expresa no sirve de nada; y para que un buen abrazo tenga un efecto químico en el cerebro, debe durar al menos unos segundos.

«Sé compasivo, porque cada persona con la que te cruzas está librando una dura batalla.»[2] Son palabras sugerentes. Y es que sabemos que la vida no es fácil para nadie. Con el paso de los años vamos cobrando conciencia de nuestras fronteras personales, pero la mayor limitación que nos desvela la vida es que todo aquello a lo que nos aferramos, tarde o temprano, se desvanece sin avisar y en cualquier momento. Qué contraste tan enor-

2. En su idioma original, estas palabras del teólogo escocés Ian Maclaren dicen: «*Be kind, for everyone you meet is fighting a hard battle*». El origen de la palabra *kind* viene del sajón *kind*, que significa familia o niño, en el sentido de formar parte de una comunidad, que es como una familia y que necesita, igual que los niños, protección y cariño. En nuestro idioma, resulta llamativo que no tengamos traducción para este concepto social tan fundamental. Contamos desde luego con palabras que expresan una cordialidad formal hacia los demás —ser amable, ser cortés, ser educado...— y también con términos que nos permiten la expresión de sentimientos a aquellos con los que mantenemos relaciones directas: querer, sentir afecto por alguien, amar... En inglés, en cambio, la palabra *kindness* se utiliza para denominar la compasión activa y sentida que podemos proyectar sobre cualquier persona, tanto si pertenece a nuestro círculo inmediato como si no. Esta palabra, como el verbo *to care* o su adjetivo *caring,* son palabras esenciales para entender lo que implica la inteligencia social empática y activa.

me, ese voluntarioso afán humano por forjarnos una vida sólida, enfrentado a la realidad de que antes o después todo se acaba.

¿Para qué tanto esfuerzo? ¿Para qué formamos vínculos, adquirimos conocimientos y defendemos con mayor o menor ahínco aquello que nos importa, si a todos se nos escapará de las manos, más bien pronto que tarde? Tan desconcertante nos resulta esta paradoja que generalmente optamos por ignorarla. Por ello la vida nos dota de una mirada miope que nos protege de dos maneras: por una parte, nos creemos más inmunes que la media a las estadísticas sobre la muerte y la enfermedad, nos vemos más guapos y nos sentimos más inteligentes que la mayoría.[3] Por otra parte, como no podemos vivir de cara a la eternidad, nos refugiamos en las miradas de las personas que nos rodean y nos comparamos incansablemente con ellos. Nombramos testigos de nuestras vidas a los demás y compartimos con ellos pequeños rituales en los que escondemos nuestras inconsistencias, debilidades, esfuerzos, miedos y tristezas.[4] Actores y espectadores a la

---

3. La «ilusión de superioridad», uno de nuestros numerosos prejuicios cognitivos, nos lleva, cuando nos comparamos con los demás, a sobrestimar nuestras capacidades y rasgos positivos, y a restar importancia a nuestros rasgos negativos. Esto nos ocurre en muchos ámbitos, entre ellos cuando juzgamos nuestra inteligencia, nuestro rendimiento, los rasgos deseables que poseemos, como la belleza, nuestros rasgos de personalidad... Aunque te cueste creerlo también te pasa a ti, no solo porque te hace más soportable la vida, sino porque además te ayuda a justificar cómo vives (lo veremos más adelante, en el capítulo 3).

4. Como dice Sickles, las estructuras permiten a las personas vivir vidas más sencillas, algo reconfortante para nosotros, ya que tener una vida predecible es algo universalmente deseado. Neuberg añade que las personas tienden a buscar estructuras sencillas a la

vez de la misma obra, estamos encerrados en un mismo teatro, con la misma limitada perspectiva. Pero allá fuera arrecia el ruido de fondo de un mundo demasiado grande, y aunque te empeñes en vivir como si no hubiese mañana, el desconcierto se cuela por los resquicios: la gente a tu alrededor llora, muere, enferma, se resigna o se desespera... Por todas partes asoma la realidad de la vulnerable vida humana. Tal y como la experimentamos con nuestros sentidos, tan limitados, la vida resulta muy desconcertante para unos seres cuyo cerebro, programado para sobrevivir, busca incansablemente la eternidad y la seguridad. Aunque pudieses venderle tu alma al diablo, la vida no se deja controlar o frenar.

Así que es muy probable que a menudo te sientas solo, a pesar de vivir en un mundo superpoblado.

¿Qué es la soledad?

Te lo diré en un momento, porque poner el dedo en la llaga de lo que es la soledad podría resultarte útil para saber esquivarla... Pero antes, recuerda que durante décadas quienes podían interesarse científicamente por la soledad —entre ellos los psiquiatras y psicólogos— no lo hacían. La irrupción del trabajo de una psiquiatra alemana contemporánea de Freud, Frieda Fromm-Reichmann, cambió esa tendencia. Ella insistía en que la soledad es un factor decisivo en muchas enfermedades mentales y creía en el poder de la confianza y de la empatía para curar a sus pacientes. Desde entonces, la adquisición por

---

hora de tomar decisiones, porque la complejidad nos torna indecisos. Tal vez por ello, como sostiene Iannaccone, uno de los elementos más atractivos de los grupos religiosos es la capacidad que tienen de aportar un sentido de estructura y orden a sus adeptos.

parte de los psicólogos de herramientas y conocimientos biológicos y neurocientíficos para abordar la salud mental y física de las personas ha transformado nuestra comprensión de los efectos de la soledad en nuestras vidas.

Y ahora, quédate con esta potente definición de la soledad que ofrecía Frieda Fromm-Reichmann: *la soledad es la carencia de intimidad.* ¿Te sientes solo? Sentirse solo indica, ni más ni menos, *que necesitas recuperar conexiones e intimidad con los demás.*

John Cacioppo,[5] uno de los mayores expertos del mundo en los efectos de la soledad y la necesidad de conexión en nuestras vidas, recalca que la soledad es un sentimiento doloroso, que debilita física y mentalmente a las personas. Sentirse solo, esto es, socialmente aislado, es un recurso doloroso, una especie de señal de alarma, lo que los científicos llaman «estado aversivo»: un estímulo o estado desagradable para quien lo soporta, desarrollado por la naturaleza para animarnos a que nos unamos a los demás, ya que, como hemos visto en el capítulo anterior, nuestra supervivencia y prosperidad como especie dependen de nuestra capacidad de formar grupos, como parejas, familias y tribus.

Fíjate en que *estar solo* no es lo mismo que *sentirse solo.* Estar solo puede ser una experiencia que disfrutes, e incluso que necesites a ratos para recuperar fuerzas: existe un tipo de soledad necesaria y creativa, útil para ti.[6]

---

5. John T. Cacioppo dirige el Center for Cognitive and Social Neuroscience en la Universidad de Chicago. Es coautor del libro *Loneliness: Human Nature and the Need for Social Connection*, que explora las raíces evolutivas de la soledad.

6. Encontrarás sugerencias en este sentido en el capítulo 4 de este libro, dedicado a cómo podemos, y necesitamos, renovar nuestras fuerzas individuales de forma constante y consciente.

Cuando me siento solo, ¿significa que estoy deprimido?

No necesariamente. Sentirse solo es un sentimiento más o menos pasajero que afecta a nuestras relaciones y que nos sobrevuela a casi todos en algún momento, por ejemplo, cuando te cambias de ciudad y te alejas de tu familia y amigos, cuando te separas de un ser querido... Pero si pones remedio a este sentimiento *recuperando conexiones con los demás,* no tiene por qué arrastrarte hacia la depresión, que implica un estado anímico patológico mucho más centrado en la tristeza generalizada y en la desgana hacia la vida.

Recuerda también que *sentirse solo* es una experiencia interior, subjetiva, y que *no tiene por qué estar relacionada con condiciones externas y objetivas.* La genética también nos predispone a sentirnos solos: un conocido estudio realizado con más de ocho mil gemelos holandeses reveló que los genes nos predisponen hasta un 48 por ciento a sentirnos solos. Pero aunque los genes pueden predisponer a las personas a sentirse solas, no lo explican todo: al menos un 52 por ciento de las causas de la soledad proceden del mundo exterior. Así que cuando notes que la tristeza se instala en tu vida diaria, enfréntate a ella con decisión, generando y potenciando deliberadamente emociones del signo contrario a las que produce la tristeza.[7]

¿Es normal sentirme solo si vivo rodeado de gente?

Aquí tocamos un punto clave: *la soledad tiene mucho más que ver con la calidad que con la cantidad de relaciones que te rodean.* Por ello, las personas pueden sen-

---

7. Hallarás propuestas para ello en el capítulo 4.

tirse solas aunque estén viviendo en pareja o con otras personas. Las numerosas investigaciones en torno a esta pregunta revelan que millones de personas se sienten solas a diario, aun no estando físicamente solas.[8] ¿Puedo medir mi soledad?

¿Hasta qué punto te sientes solo? Aquí tienes esta eficaz y rápida escala de soledad de la UCLA[9] para comprobarlo.[10] Dale a cada pregunta un valor de entre 1 y 4 puntos, asignados de la siguiente forma:

4 puntos — A menudo me siento así.
3 puntos — A veces me siento así.
2 puntos — Rara vez me siento así.
1 punto — Nunca me siento así.

- ¿Cuántas veces te sientes infeliz por hacer tantas cosas solo?   □ 4   □ 3   □ 2   □ 1
- ¿Cuántas veces sientes que no tienes a nadie con quien hablar?   □ 4   □ 3   □ 2   □ 1

8. Según un reciente estudio de la Universidad de Oxford publicado en el *Proceedings of the National Academy of Science*, no tenemos los recursos suficientes para mantener un alto número de relaciones íntimas, por lo que el cerebro tiende a reemplazar unas relaciones por otras. Desafortunadamente, otros estudios han comprobado que a partir de los cuarenta y cinco años, las personas tienden a disminuir su círculo de relaciones íntimas (que suele estar entre las cinco y las doce personas) y no siempre logran, o intentan, recomponerlo con nuevas amistades. Resulta fundamental a partir de esa edad diversificar conscientemente la vida social y afectiva; encontraréis sugerencias para ello en la ruta 1 de *Una mochila para el Universo* o en el capítulo 4 de este libro.

9. Universidad de California, Los Ángeles.

10. Puedes hacer el test *on-line* en UCLA Loneliness Scale y obtener una respuesta más detallada en función de tu resultado.

- ¿Cuántas veces sientes que no puedes soportar sentirte tan solo? □ 4   □ 3   □ 2   □ 1
- ¿Cuántas veces sientes que nadie te comprende de verdad? □ 4   □ 3   □ 2   □ 1
- ¿Cuántas veces esperas a que la gente te llame o te escriba? □ 4   □ 3   □ 2   □ 1
- ¿Cuántas veces te sientes completamente solo? □ 4   □ 3   □ 2   □ 1
- ¿Cuántas veces sientes que no eres capaz de relacionarte y comunicarte con los que te rodean? □ 4   □ 3   □ 2   □ 1
- ¿Cuántas veces te sientes muy necesitado de compañía? □ 4   □ 3   □ 2   □ 1
- ¿Cuántas veces sientes que te cuesta hacer amigos? □ 4   □ 3   □ 2   □ 1
- ¿Cuántas veces te sientes apartado y excluido por los demás? □ 4   □ 3   □ 2   □ 1

Puntuación total: _____

Ubica en esta escala tu resultado:

1	10	20	30
Poca o ninguna soledad	Soledad normal	Soledad moderada	Extrema soledad

La soledad crónica cada día afecta a más personas

Los psicólogos evolucionistas creen que, como especie, no nos adecuamos al entorno físico y social que habitamos actualmente. Si a un técnico del zoo le hubieran pedido que construyera un recinto adecuado para humanos, advierte John Cacioppo, le habrían dado instrucciones advirtiéndole del «carácter social marcadamente gregario de la especie». Sin embargo, la mayoría de las personas vivimos solas en apartamentos pequeños, trabajamos en casa y compramos y nos socializamos por internet. Muchos otros recorremos grandes distancias para desplazarnos hasta una oficina en la que pasamos largas horas trabajando, lo que nos impide pasar más tiempo con la familia. Por culpa del tráfico congestionado de las calles, nuestros hijos no pueden salir a jugar fuera, donde gozarían de la libertad de conocer a otros niños y niñas. En un entorno como este lo sorprendente sería que nuestras relaciones no se vieran perjudicadas.

Las personas que padecen una soledad más acusada son los que son, o se sienten, diferentes y desprotegidos: los pobres, los que sufren acoso, los que pertenecen a colectivos discriminados y socialmente mal considerados. Pero, curiosamente, incluso los colectivos más gregarios —estudiantes, universitarios, enfermeras y maestros de escuela— arrojan una media entre 19 y 20 en la escala UCLA, una cifra considerada normal pero que ya indica un cierto nivel de soledad. Y es que aunque tendemos a creer que la soledad afecta más a los mayores y a los desprotegidos, en realidad se deja sentir en todas partes.[11] Encuestas en distintos países reflejan datos similares, que revelan que una de cada cinco personas admite sentirse crónicamente sola. Estas cifras suponen un empeoramiento de los parámetros que teníamos hace solo una década.

---

11. Una encuesta llevada a cabo en Norteamérica en 2010 desvelaba que uno de cada tres adultos de más de cuarenta y cinco años se sentían crónicamente solos, esto es, que llevan mucho tiempo sintiéndose así. Uno de cada cuatro canadienses confiesan sentirse solos, y en un grupo de 34.000 universitarios canadienses, dos tercios decían experimentar sentimientos de soledad a diario. El 54 por ciento de los franceses afirma haber sufrido de soledad alguna vez. El 25 por ciento de los españoles dice sentirse solo con frecuencia.

... Y cada vez tenemos menos amigos íntimos

Las encuestas también desvelan que tenemos cada vez menos amigos, dos de media (en los años sesenta, eran tres). De hecho, la pérdida de confidentes —es decir, el deterioro en la calidad e intensidad de nuestras relaciones sociales— está siendo dramática en los últimos veinticinco años. En una encuesta se detectó que el tamaño medio de la red de confidentes o amigos íntimos de las personas se ha reducido de 2,94 personas en 1985, a 2,08 personas en 2004. En 1985, solo el 10 por ciento de los norteamericanos decían no tener a nadie con quien hablar de temas importantes para ellos, y el 15 por ciento solo tenía un buen amigo. En 2004, el 25 por ciento no tenía a nadie con quien hablar y el 20 por ciento solo tenía un buen amigo.

Lógicamente, a la vista de estos datos muchos autores hablan de una *epidemia de soledad,* en referencia no solo a su extensión, sino también a su efecto físico y emocional sobre el bienestar de las personas. Y es que a día de hoy, la soledad causa tantas muertes como el tabaco, aunque sus efectos en la salud física y mental, incomprensiblemente, no se están tomando en serio.

¿Ha llegado la hora de tomarnos en serio la infelicidad?

Aunque todavía vivimos de espalda a esta realidad, *el impacto de la soledad no solo es mental y emocional: es físico, incluso genético.* El que se considera actualmente el mayor especialista en soledad y comunicación, John Cacioppo, dio la señal de alarma en 2008[12] cuando

12. En un libro titulado *Soledad.*

afirmó, a partir de un cuerpo de investigación contundente, que «...la soledad, de alguna manera, penetra en lo más recóndito de la célula y altera la expresión de los genes». Hoy en día, tenemos evidencias del impacto genético de la soledad, tanto en humanos como en otras especies.

El psicólogo Harry Harlow contribuyó decisivamente en los años cincuenta y sesenta a comprender hasta qué punto la naturaleza requiere para florecer un entorno propicio, que incluye atender sus necesidades afectivas y emocionales.[13] Concretamente, los estudios realizados en los últimos años en humanos relacionan el sentimiento de soledad con un debilitamiento del sistema inmunológico, una presión arterial elevada, la producción de más hormonas del estrés, una peor calidad del sueño, obesidad, alcoholismo y tendencia al abuso de drogas. La soledad también se relaciona con una mayor probabilidad o severidad de la demencia en los ancianos, algo lógico, ya que debilita el buen funcionamiento de los centros ejecutivos del cerebro, que a su vez afectan a nuestra capacidad de tomar decisiones inteligentes de cara a vivir de forma saludable, mental y físicamente. Si te sientes solo, también es más probable que sufras operaciones y que tengas desequilibrios hormonales. Serás más susceptible a los procesos inflamatorios, a tener peor memoria, a caer en una depresión y a sufrir deterioro cognitivo. Incluso

13. Su alumno, el psicólogo y primatólogo Steve Suomi, ha comprobado la importancia de los distintos estímulos externos en la forma de convivir y de relacionarse entre grupos de macacos Rhesus y el efecto significativo que tienen sobre la arquitectura cerebral de los animales. Los animales que crecen sin compañía social se vuelven extraños, más agresivos y ansiosos. Esto debería transformar nuestra forma de pensar acerca del desarrollo, reclama Suomi.

los tumores cancerígenos tienden a propagarse más deprisa en las personas que sufren soledad crónica.

¿Qué hay en la soledad que provoca estos estragos en nosotros?

Hay un factor fundamental que explica el efecto devastador de la soledad en la salud física y psíquica de las personas: el miedo al rechazo de los demás.[14] Estate atento a esta alerta roja en tu vida. Lo vivió de cerca el psicólogo Steve Cole cuando fue testigo, en la década de los ochenta, de la epidemia de sida que asoló la comunidad homosexual en Estados Unidos. Debido a la alarma social que generó esta epidemia desconocida, los hombres homosexuales infectados eran rechazados y aislados por gran parte de la sociedad. Existían por tanto condiciones óptimas para estudiar el efecto de determinadas condiciones sociales en la salud, y más concretamente para comprobar si una experiencia social determinada podía acelerar la muerte de una parte del colectivo afectado. Esa fue la meta que se propuso el laboratorio de la UCLA donde entonces trabajaba Steve Cole, quien recalca que en aquellos años apenas se estaba empezando a comprender hasta qué punto «el cuerpo físico se ve afectado por nuestros mundos psíquicos y conceptuales» o, lo que es lo mismo, hasta qué punto la mente influye y deja huella en el cuerpo.

14. «Estar aislado de tu tribu —escribió John Bowlby, el psicólogo que sentó las bases teóricas de nuestra necesidad de pertenencia—, y especialmente, cuando eres joven, estar lejos de tu protector más cercano, conlleva terribles peligros. ¿Cómo va a sorprendernos que cada animal esté equipado con una disposición instintiva a evitar el aislamiento y mantenerse cerca de otros?»

Al principio, los investigadores estudiaron factores clásicos, como el impacto del estatus socioeconómico del paciente y el apoyo que recibían los enfermos por parte de familiares y amigos. Curiosamente, estos resultaron no tener un gran impacto sobre el tiempo que tardaba el enfermo en fallecer. Cole decidió entonces investigar otros factores que pudiesen afectar a los enfermos. Partiendo de la base de que uno de los elementos determinantes de la soledad es el sentimiento de rechazo por parte de los demás, su hipótesis fue que un homosexual que no había «salido del armario» era más sensible al rechazo, y que ese miedo crónico a ser descubierto y rechazado dejaría una huella física en su cuerpo: durante años, su corazón habría latido más deprisa, habría generado más células blancas para defenderse del peligro, sus tejidos se habrían inflamado y tendría más hormonas del estrés en la sangre. Ese estado crónico debido al miedo al rechazo se traduciría seguramente en una tensión arterial elevada y en un sistema inmunitario debilitado.

Cole acertó: el indicador que mayor impacto tenía sobre el número de años que sobrevivía un hombre afectado por el sida era si éste había «salido del armario», o si en cambio había vivido con el temor constante a ser descubierto, en cuyo caso, si enfermaba de sida, fallecía de dos a tres años antes que los demás enfermos.

El impacto del miedo al rechazo de los demás en nuestra salud mental y física es enorme. Piénsalo: cuando hacemos que otra persona se sienta rechazada, estamos agrediéndola mental, emocional y también físicamente. Recuerda: cuando rechazas a alguien, lo estás atacando y puedes destruirlo. Esta es la realidad de nuestra enorme fuerza social.

¿Y por qué nos importa tanto lo que piensen los demás?

Los humanos somos mucho más sociales que los demás mamíferos, incluso que muchos primates. Y es que de entrada, como hemos visto, para criar a nuestros hijos, cuyos complejos cerebros tardan mucho tiempo en madurar, necesitamos contar con los demás, y por tanto tenemos que ser buenos cooperando. Por ello la naturaleza nos pone muchas trabas ante cualquier tentación de abandonar la manada humana. Estamos programados con reflejos mentales que nos alertan del rechazo social. Por ejemplo, cuando no estás de acuerdo con un grupo de personas, se activan en tu cerebro los mismos circuitos que te alertan cuando te estás equivocando. ¡Imagina la presión que supone para cualquiera llevarle la contraria a los demás! Es una forma nada sutil de la naturaleza de encender nuestras alarmas cuando no hacemos lo que hace la mayoría, y es fácil que ese mecanismo nos lleve a conformarnos, o a renunciar a cuestionar la opinión mayoritaria.

La naturaleza prefiere que te conformes.
Pero tú, ¿qué prefieres?

Como la naturaleza prefiere que nos conformemos, no nos lo pone fácil y solemos encontrarnos a diario en un difícil equilibrio entre lo que queremos y necesitamos como individuos, y lo que quiere y necesita la sociedad. Dice la escritora holandesa Lise Heyboer que «es nocivo que esta lucha se resuelva, porque significa que una de las dos partes ha perdido la batalla [...] El individuo debe luchar por sus valores [...] La sociedad debe luchar por el bien común de la humanidad. Ambos ayudan a mejorar el mundo». Es un reto básico y esencial que nos incumbe a todos, día tras día: lograr encajar nuestra individualidad en el mundo, encontrar la medida entre nuestras necesidades y anhelos, y atender también los del grupo social que nos protege, sustenta y necesita.

Las cosas «normales» que hacemos para pertenecer al grupo

Así que los humanos estamos a medio camino entre seres individuales y sociales, aunque pesa enormemente nuestra necesidad de pertenecer al resto del mundo. ¿Cómo lo logramos? Buscamos lugares en los que echar raíces, ideas que defender, valores que asumir como propios, personas a las que llamar familia y amigos. Pasamos mucho tiempo estableciendo estos vínculos y desarrollando una identidad personal y también social, es decir, adoptando las ideas, valores y creencias de un grupo que asumimos como propios. Piensa en lo cansado y peligroso que resulta intentar luchar uno solo. Cuando dices que perteneces a un país, o que eres católico, o que tienes un equipo de fútbol, por poner un ejemplo, estás adoptando y haciendo tuyas las características —y la fuerza— de todas las personas que pertenecen a este mismo grupo social. Ya no estás solo: te conviertes en ese país y en esa religión y en ese equipo, en ese género y en esa clase social, en esa profesión y en esa creencia con la que te identificas y que adoptas, o heredas, como propia. Esta identidad es el puente que te permite encontrar tu lugar en el mundo, una forma de hallar protección y seguridad mucho más allá de tus propias fuerzas. Por eso, esconderse en la manada, pertenecer en cuerpo y alma a un grupo social es tentador, porque resuelve muchos problemas, sobre todo una tendencia del cerebro humano muy disruptiva: la tendencia a tener miedo a no lograr sobrevivir. En consecuencia, si encuentras un grupo y éste te acepta, querrás defenderlo como si estuvieses defendiendo tu propia vida.

Esta es una de las razones por las que nos cuesta mucho romper nuestros vínculos personales y sociales, aunque no nos hagan felices. Volverte en contra de las ideas, valores y personas con las que te identificas, incluso simplemente cambiar de opinión, te desestabiliza, y se vive, en lo más profundo de nuestros recónditos circuitos cerebrales, como una pérdida y un acto de deslealtad hacia uno mismo.[15] Cuanto más invertimos en defender o creer en algo, más difícil nos resultará renunciar a ello por la inversión, el tiempo y la energía perdidos, así que tenderemos a aferrarnos al conjunto de aquello con lo que nos identificamos, es decir, a nuestra identidad personal y social. Y es que de estas identidades obtenemos no solo seguridad, sino además orgullo. Si esto último no lo ves claro, simplemente hazte esta pregunta:

¿Te gusta criticarte a ti mismo?

Si eres como la mayoría, la respuesta a esta pregunta será que no te gusta criticarte y que evitas hacerlo siempre que puedes. Y precisamente porque los grupos sociales a los que pertenecemos no solo sirven para protegernos sino además como fuente de autoestima y de orgullo,

---

15. Desarrollamos nuestra identidad de género entre los dos o tres años, pero muchas otras formas de identidad las desarrollamos a lo largo de nuestra vida, y podemos incluso cambiarlas (si cambiamos de país, de religión o de profesión, por ejemplo). La adolescencia es una etapa importante en este sentido, ya que definimos entonces nuestra identidad social, y surge la tentación de acallar la individualidad y los valores propios cuando no son los del grupo.

también *somos extraordinariamente poco autocríticos con nuestras identidades sociales*: familia, país, cultura, profesión... Sobrevaloramos y glorificamos aquello que refuerza la identidad de nuestro grupo, reforzando así nuestra propia seguridad y autoestima. Si creemos que esta identidad está siendo atacada, la defendemos como si nos fuese la vida en ello. Nuestra historia y nuestro presente están cuajados de ejemplos de personas obcecadas con temas identitarios que pueden llegar a adquirir la fuerza de una creencia religiosa. En estos casos, olvidamos lo que nos une y nos centramos en lo que nos separa, por anecdótico que resulte. Lo triste es que estamos programados para ello. Lo esperanzador es que podemos mirar nuestras programaciones a la cara y tomar otro camino.

Los experimentos de Henri Tajfel y John Turner[16] revelan nuestra tendencia a favorecer irracionalmente a los miembros de nuestro propio grupo. Da igual que este se haya formado a partir de motivos anecdóticos, como el color de una camiseta o cualquier elemento poco relevante: cuando decidimos que algo pertenece a nuestro grupo lo adoptamos con entusiasmo. Aquí es donde se complican las cosas: cuando te unes a un grupo (y por tanto te identificas con él) necesitas que ese grupo te llene de orgullo, sea cual sea su realidad o méritos objetivos. ¿Qué haces si no existen motivos evidentes para el orgullo? ¡Te los inventas! Ya eres parte interesada, así que necesitas encontrar motivos para el orgullo como

16. Henri Tajfel y John Turner formularon en la década de los setenta y ochenta la teoría de la identidad social, que destaca hasta qué punto derivamos de la pertenencia al grupo social (nuestra clase social, familia, equipo de fútbol, partido político, país, género, profesión, relaciones...) nuestro orgullo y autoestima.

sea. Para autoconvencerte rápidamente, recurres a un truco fácil: divides el mundo entre *ellos* y *nosotros*,[17] y para darte un poco de ventaja, denigras y criticas a los grupos opuestos o diferentes al tuyo. Para poder hacer esto sin mala conciencia, y para poder creértelo de verdad, vas a fijarte sobre todo en aquello que percibes como los rasgos negativos de los grupos a los que no perteneces. ¿Ya tienes claro aquello que no te gusta del adversario? Pues ahora, automáticamente, conviertes esos rasgos negativos en un rasgo universal de *todos* los miembros de ese grupo o, lo que es lo mismo, creas estereotipos. Ya no tienes enfrente a personas como tú, que sufren, ríen, lloran y tienen sus dificultades y contradicciones: ahora tienes a un grupo homogéneo con unos defectos y culpas colectivas muy claras.

Por último, para rematar este engaño cognitivo, vas a exagerar, tanto lo que te separa de los grupos a los que no perteneces, como lo que te une a tu propio grupo. ¿Te parece que no puedes ser tan crédulo, tan injusto? Comprende que nos facilitamos un poco la vida poniendo las cosas en blanco y negro. Recuerda que preferimos la seguridad y la certeza para poder sobrevivir.

Así que, en resumen, primero categorizamos, luego nos identificamos con nuestra categoría y, por fin, nos comparamos con los demás grupos, siempre a favor de nuestro propio grupo, ya que eso nos ayuda a consolidar nuestra autoestima. Y todo ello lo hacemos sin ningún

17. Nos resulta muy natural hacer esto porque agrupar los elementos por categorías es un modo cognitivo habitual de proceder del cerebro. A veces las categorías son aparentemente inocentes, como «mujer», «persona en silla de ruedas», «niño pequeño»..., aunque puedan esconder muchos de nuestros prejuicios más inconscientes.

esfuerzo, con mucha naturalidad, porque tenemos un cerebro más inclinado hacia la supervivencia que hacia la justicia universal.

Pero no parece que sea un sistema que nos ayude a la convivencia, al intercambio y a la creatividad, ¿verdad?

Pues no, más bien al contrario. De todo este proceso inconsciente nace el eterno problema de la tendencia humana a la discriminación, es decir, al rechazo gratuito de los demás, que no ayuda a solucionar los problemas de salud mental, como la depresión y la ansiedad, verdaderamente disparadas en este siglo.

¿Y qué podemos hacer?

El dolor físico, que tanto atrae nuestra atención, nos protege de los peligros físicos. El dolor social, que también llamamos soledad, existe por razones parecidas: así como el dolor físico nos incita a cambiar de comportamiento —por ejemplo, a retirar el dedo de la llama—, la soledad nos invita a prestar más atención a nuestras conexiones sociales, a comunicarnos con los demás, a reparar o crear vínculos sociales. Este es el mensaje que nos está transmitiendo la epidemia actual de soledad y depresión: necesitamos centrarnos en nuestros vínculos sociales.

Debemos tomarnos en serio el impacto y el coste personal y social que tienen el dolor emocional, la tristeza y la ansiedad de las personas. A pesar de la evidencia abrumadora que existe desde hace unas décadas, todavía actuamos como si lo mental y lo emocional no tuviesen en nuestras vidas un impacto negativo y un alto coste. No evitamos las fuentes de dolor emocional de forma directa y concreta, tal y como hemos aprendido a esquivar tantos peligros y males físicos. Seguimos aplicando las antiguas políticas y costumbres sociales que ponían —y ponen— el acento casi exclusivamente en la supervivencia física de las personas, porque venimos de un mundo donde solo importaba la supervivencia física, y donde los protocolos y las prioridades sociales, educativas y políticas han estado dedicadas a los recursos físicos. En consecuencia, sobrevivimos en lo físico pero nos abandonamos en lo emocional.

Las políticas preventivas no son políticamente rentables

Disponemos de una cantidad ingente de datos e investigaciones que nos sugieren qué medidas, algunas muy sencillas, ayudarían a mejorar las condiciones físicas y emocionales de las personas. Actualmente, ya somos capaces de adaptar nuestras políticas educativas, medioambientales y sociales para que incidan en políticas preventivas, como demandan repetidamente los grandes organismos internacionales.[18] No lo estamos haciendo porque las políticas preventivas requieren, por un lado, una apuesta por la salud mental de las personas y por aquellos indicadores que la fortalecen, y por otra,

18. Por ejemplo, en un informe («Prevención de trastornos mentales: intervenciones efectivas y políticas alternativas») las Naciones Unidas afirman que «los conflictos y la violencia, tanto entre individuos como entre comunidades y países, suponen una amenaza especialmente potente para la salud mental que además, por desgracia, también es de lo más común. El sufrimiento y los trastornos que se derivan de ello son considerables. Evitar la violencia requiere un gran esfuerzo a nivel social...».

una inversión a medio y largo plazo que no resulta políticamente rentable.

El precio que pagamos por no implementar buenas políticas preventivas de salud mental parece invisible pero, como hemos visto a lo largo de estas páginas, es muy elevado. Si calculásemos el impacto sobre el bienestar emocional y social que tienen determinadas políticas, si nos asegurásemos de que los indicadores claves, como la soledad y el rechazo, adquiriesen visibilidad y sirvieran como marcadores que alertan de situaciones dañinas, podría mejorarse el bienestar emocional y social de las personas de una forma sistemática y objetiva.

La huella de la infelicidad

¿Y si tuviésemos en cuenta la huella real de infelicidad que genera cada política social y económica? Con un instrumento en la mano de este calibre, podríamos indagar hasta qué punto una ley, normativa o política social contribuye a la soledad y la degradación de la salud mental y física de las personas. Disponemos de suficientes conocimientos e indicadores para ello, y su desarrollo supondría una forma de detectar y medir de forma consistente los cambios sociales, políticos y económicos que necesitamos para mejorar nuestras vidas.

¿Cómo medimos y definimos el progreso y el éxito? En realidad, la ausencia de debate social en torno a esta pregunta fundamental trasluce el poco interés de quienes ejercen el poder de crear herramientas que puedan amenazar su statu quo. Así, durante demasiado tiempo el progreso se ha medido en función de la tasa de crecimiento en el Producto Interior Bruto (PIB), y los valores que indirectamente fomentamos son los asociados a esta medida. Resulta cada vez más evidente, y así lo respaldan cada vez más voces, que esta no es una forma satisfactoria de medir el progreso, ya que así no conseguimos siquiera distinguir las actividades económicas beneficiosas —aquellas que no dañan a las personas y al medio ambiente— de las actividades nocivas. Por ejemplo, la actividad económica de la industria tabacalera, o los gastos que generan catástrofes como los vertidos de aceite, contribuyen todos ellos, increíblemente, a hacer crecer el PIB. ¿En qué sentido puede esto considerarse una medida de progreso para la humanidad?

Desde hace unos años, se habla cada vez más de la necesidad de encontrar nuevas medidas. Dos de las más conocidas son el Índice de Progreso Real[19] y la medida de Felicidad Interior Bruta,[20] que se aplica desde hace años en el pequeño reino de Bután con resultados más que interesantes.

Un grupo de expertos[21] sugerían incluir en las encuestas oficiales una serie de preguntas que ayuden a medir el bienestar general de las personas, indagando acerca de la frecuencia con la que sonreímos, nos estresamos, reímos o sufrimos. Se trata de hacer preguntas como «Ayer, ¿pasaste tiempo con tus amigos o familiares?», o escalas más complejas de 10 grados para calibrar el nivel de autosatisfacción con la vida. Según el informe, esta clase de preguntas han demostrado ser válidas desde un punto de vista científico y las respuestas pueden ayudar a los gobiernos a dar forma a políticas de servicios básicos tales como la edad de jubilación

---

19. En inglés, *Genuine Progress Index*. Se puede encontrar más información sobre este indicador en www.gpiatlantic.org.

20. www.grossnationalhappiness.com.

21. Autores del Informe de la National Academy of Sciences, publicado en diciembre de 2013.

y las pensiones, el cuidado de enfermos crónicos y terminales, el desempleo y las condiciones de trabajo. Se citaba un estudio realizado por un premio Nobel que demostraba que los sentimientos de la gente acerca de los problemas que tenían para desplazarse hasta el trabajo ayudaron a que se tomara una decisión acerca de si era necesario crear carriles de peaje en las autopistas. «Preguntarle a la gente cómo se siente puede ser tan importante como preguntarle cuánto gasta», afirma Arthur Stone, catedrático de psicología en la New York's Stony Brook University. Los economistas manejan un parámetro llamado «índice de miseria» que se añade a las tasas de desempleo y de inflación, pero no incluye los sentimientos de la gente. Si se quiere saber lo que es la miseria, hay que preguntarle a la gente «cuánto sufrimiento está soportando», añade Stone.

Sin duda, uno de los mayores y más urgentes retos a los que nos enfrentamos para poder mejorar nuestros índices de salud es desarrollar e implementar lo antes posible medidas de progreso social y económico que reflejen de verdad la salud física y mental de los humanos y del medio que habitamos.

Y mientras esperamos a que lleguen estos cambios más profundos, ¿es muy complicado introducir mejoras inmediatas en nuestra forma de convivir?

¡No! Algunas de las mejoras que podríamos aplicar implican cambios en la mentalidad de las personas y en instituciones muy arraigadas, y tardarán tiempo en conseguirse. Pero otras, en cambio, son muy sencillas y solo dependen de la voluntad política y social. Vamos a ver un ejemplo.

James Heckman, un premio Nobel que trabaja en la Universidad de Chicago, ha analizado los datos de dos conocidos programas de intervención infantiles: el *Abecedarian Project* de los setenta y el *Perry School Project* de los sesenta. Ambos arrojan datos convincentes de que si ofrecemos a niños pequeños de familias desfavorecidas la posibilidad de seguir un buen programa que refuerce sus competencias sociales y personales, estos saldrán claramente beneficiados: crecerán siendo personas menos obesas, más educadas, más sanas y más capaces de mantener sus puestos de trabajo. Aplicar este tipo de programas supone además un beneficio económico: en el caso de Perry School, Heckman estima que cada dólar de inversión ha reportado entre siete y doce dólares de ahorro a lo largo de las últimas décadas. Por ello afirma que «una de las políticas sociales y económicas más eficaces sería reforzar las carencias del entorno de los niños y jóvenes desfavorecidos», dotándoles de programas de alfabetización económica —competencias transferibles para el trabajo, y nociones de gestión financiera y digital—, de competencias emocionales y sociales, de habilidades comunicativas y de servicios, y de competencias sociales que puedan tender puentes entre la escuela y la familia. Los metaanálisis de los últimos cinco años en torno a los programas que implementan competencias emocionales y sociales en las escuelas también confirman el impacto de la alfabetización emocional y social en la vida de las personas y la necesidad urgente de incorporarlas al currículo educativo.[22] Sin embargo, pocas escuelas lo hacen todavía, y cualquier mejora en este sen-

22. Zinsser, K. M., Weissberg, R. P., & Dusenbury, L., *Aligning preschool through high school social and emotional learning standards: A critical and doable next step*, Casel, Chicago, 2013.

tido, a pesar de la evidencia que existe, está siendo muy lenta. Se aducen otras «prioridades», o problemas reales como la falta de formación del profesorado, algo que sin embargo en ningún caso debería ser un obstáculo insalvable, sino una clara indicación de cuál debería ser la hoja de ruta y las prioridades de los cambios sistemáticos que necesitamos.

Naomi Eisenberg, psicóloga en la UCLA y especialista en el impacto de las conexiones sociales en la salud humana, afirma que «tener un maestro o maestra entrenados para identificar a los niños solitarios en su clase, y capaces de ayudarles a gestionar ese problema, transformaría por completo el mundo de un niño». Pero como apunta esta psicóloga, las escuelas se toman el dolor físico muy en serio, y sin embargo suelen trivializar el dolor social: «No puedes pegar a los demás estudiantes, pero no hay reglas que impidan excluir a otra persona». No son solo las escuelas; estas solo reflejan una mentalidad inexorablemente instalada en casi todos los rincones de nuestra sociedad: creer que el dolor emocional, que se traduce en soledad y rechazo, o no tiene importancia, o no tiene arreglo, o se desvanecerá algún día... gracias, por ejemplo, a las redes sociales, que plantean muchas incógnitas en este sentido.

Porque lo cierto es que llevamos unos años observando el efecto de las redes sociales en la vida de las personas. De alguna manera, se esperaba que la irrupción de las nuevas tecnologías aliviaría la epidemia de soledad. Sin embargo, la sorpresa hoy en día es que las cifras de soledad no solo no están menguando, sino que están creciendo. Y es que, de momento, parece que estamos trasladando nuestras vulnerabilidades y carencias al entorno digital. Veámoslo.

Comunicación, conexión y soledad
en el siglo XXI

Hasta hace poco, cuando vivíamos aún en redes re-
ducidas y rígidas, podíamos pretender que el mundo era
pequeño y estable. Nos comparábamos con unas pocas
personas, que probablemente se parecían a nosotros y
por tanto no nos hacían sentir insignificantes. La vida
estaba hecha a nuestra medida. Para la mayoría, había
pocos lugares a los que ir, poca gente que conocer, limi-
tadas sorpresas. Las expectativas eran razonables, los
matrimonios para toda la vida, las ocupaciones estables. Este mundo a escala humana no ofrecía grandes
sorpresas ni oportunidades, pero tampoco estresaba ni
decepcionaba. Lo que Robert D. Putnam llamó *el declive del capital social* —el empobrecimiento de nuestras
redes humanas interpersonales— se precipitó sin embargo en los años cincuenta con la llegada de la televisión, la vida en los suburbios, el narcisismo de la generación que nació en los años sesenta y la desintegración
de las familias.

Desde los años cincuenta, el número de hogares en
los que vive una sola persona se ha disparado. Claro
que, aunque es un dato significativo, no resulta necesariamente un indicador negativo, ya que muchas personas viven solas porque así lo han podido elegir, en una
sociedad que ya no castiga el deseo de individualidad.
En este contexto, cuando empezamos a utilizar las redes sociales en los años noventa, la esperanza era que
internet pudiese ofrecer una oportunidad para frenar la
epidemia de soledad a la que llevábamos décadas asis-
tiendo.

La paradoja de internet

Algunas redes sociales han recibido mucha atención en los últimos años. Concretamente, uno de los datos que ha llamado la atención es que en una red social tan popular como Facebook aquellas personas que muestran índices de soledad social ligeramente inferiores a la norma, en cambio suelen arrojar índices de soledad familiar —esto es, la sensación de no estar vinculado a una familia— significativamente más altos que los no-usuarios. Los datos también muestran que las personas solitarias o con tendencia neurótica tienden a pasar más tiempo en Facebook.

La discusión en torno a si internet atrae a determinados perfiles psicológicos, o si por el contrario potencia determinados vínculos entre las personas, es a día de hoy una discusión abierta, aunque los datos sugieren que las personas tienden a trasladar a la red su forma de relacionarse en el mundo real. «En general —apunta Cacioppo—, las personas trasladan sus viejos amigos, y sentimientos de soledad o de conexión, a Facebook.» Los gregarios prefieren una utilización más activa a través de los chats de Facebook, mientras que los solitarios tienden a usar más bien el muro. Lo que los expertos llaman «consumo pasivo» de Facebook —leer las actualizaciones de tus amigos y actualizar tu propio muro— tiende a reforzar el sentimiento de soledad y desvinculación, e incluso está relacionado con un incremento en la tasa de depresión de los usuarios. Tiene lógica que la lectura pasiva acerca de lo bien que les va a tus contactos no sea una forma muy eficaz de mejorar tu autoestima ni tu sentimiento de pertenencia.

¿Creamos nuestros «avatares» en las redes sociales?

Esa es otra de las características curiosas de internet: potencia una determinada imagen, generalmente atractiva, de los usuarios, porque nos atrapa en la necesidad de presentarnos lo mejor posible al resto del mundo, de una forma que aparenta naturalidad pero que es completamente artificial. El precio que pagamos es la necesidad de parecer siempre felices y perfectos, aunque los estudios[23] muestran que, si bien en general existe una correlación entre lo que valoramos y lo que conseguimos, esto no es necesariamente cierto en el caso de la felicidad, y en ciertos momentos se da lo contrario: cuanto más felices queremos ser, peor nos sentimos.

De acuerdo, las redes sociales no me pueden asegurar la felicidad, ¿pero tendré al menos más amigos?

Depende de cómo uses la red. No cabe la menor duda de que internet es una forma revolucionaria de compartir información y de potenciar la colaboración entre las personas. Pero esto no tiene por qué conllevar una mejora en la calidad de las relaciones que establecemos a través de la red. De hecho, Cacioppo asegura que la comunicación a través de internet solo tiene la apariencia de intimidad. Uno de los problemas es que no estamos programados para sentirnos a distancia: «El cerebro social es un circuito recién descubierto que permite que los cerebros se conecten y resuenen entre ellos durante una interacción cara a cara: para eso nos dise-

---

23. Como el de Iris Mauss, de la Universidad de Denver.

ñaron. Cuando eso sucede se produce una compenetración plena, es cuando realmente se establece una conexión.» Y los medios electrónicos —ni siquiera una llamada por Skype o una videollamada— no nos ofrecen el mismo nivel de riqueza plena que se consigue cara a cara. No se percibe el mismo nivel de señales. Una llamada telefónica solo te ofrece la voz, por lo que hay menos datos, menos activación cerebral social. Y lo peor de todo es el correo electrónico, con el que se prescinde de las señales no verbales que aportan matices y contexto a la interacción. Así pues, solo se obtienen palabras, que en cierto sentido constituyen la parte menos importante de la comunicación humana, asegura Daniel Goleman.[24]

Si no está claro que las redes sociales nos hacen más felices, y tampoco nos proporcionan necesariamente más amigos, ¿por qué nos enganchamos a ellas en vez de buscar amigos por otros cauces?

Te daré dos razones de peso. La primera es que somos como los perros de Pavlov: cuando escuchamos la campanita del Smartphone que indica que ha llegado un mensaje de alguien, buscamos una recompensa. Las redes sociales, y la tecnología sobre la que se sustentan, no tienen en mente nuestra felicidad, sino que seamos usuarios dedicados, y nos entrenan para consultarlas más y más, con la promesa implícita de que algo en la red nos va a hacer sentir mejor, sonreír, aprender algo, no perdernos nada... Esa es la promesa de las redes sociales:

---

24. Daniel Goleman, *Focus,* Editorial Kairós, Barcelona, 2013.

placer o información inmediata y gratuita. ¿Quién puede resistirse?

La segunda razón la comenta el novelista Stephen Marche, que sugiere que las omnipresentes nuevas tecnologías son un canto de sirena para establecer supuestas conexiones superficiales y evitar a la vez las siempre complicadas relaciones humanas: «La belleza de Facebook, la fuente de su poder, es que nos permite comportarnos de un modo social al mismo tiempo que nos ahorra la embarazosa realidad de la sociedad: las revelaciones accidentales que tenemos en las fiestas, los silencios incómodos, los pedos y las bebidas derramadas, así como la incomodidad general que comporta el trato cara a cara. En lugar de eso, tenemos la adorable suavidad de una máquina aparentemente social». Todo es fácil, solo tienes que actualizar tu estado y subir fotos...

La invasión de las redes sociales

Y sin duda es impactante darse cuenta del volumen de interacciones que supone internet: solo en Facebook, se suben 750 millones de fotografías en un solo fin de semana. Más de la mitad de sus usuarios —una de cada trece personas en el mundo es usuaria de Facebook— actualizan sus perfiles cada día. La mitad de los usuarios entre dieciocho y treinta y cuatro años consultan Facebook minutos después de despertarse, y casi el 30 por ciento lo hacen antes de salir de la cama. «La implacabilidad es lo que es tan nuevo, tan potencialmente transformador. Facebook nunca se toma una pausa. Los seres humanos siempre han creado actos elaborados de autopresentación. Pero no todo el tiempo, no cada mañana, antes incluso de que nos sirvamos la primera taza de café. La soledad solía ser un buen modo de reflejarse a uno mismo y de reinventarse. Facebook nos niega un placer cuya profundidad habíamos subestimado: la posibilidad de olvidarnos de nosotros mismos durante un rato, la posibilidad de desconectarnos», afirma Stephen Marche.

Esa es una de las muchas lecciones que estamos aprendiendo de internet: una conexión no es un vínculo, y muchas conexiones tampoco reemplazan un vínculo significativo. En las relaciones humanas, la cantidad no reemplaza la calidad.

¿Qué elementos distinguen los vínculos significativos de las simples conexiones? ¿Cómo sé cuándo una conexión es verdadera?

El filósofo Martin Buber ofrece algunas claves relevantes acerca de lo que caracteriza una relación significativa. En su obra más conocida, *Yo y Tú*,[25] el autor plasma las dos formas alternativas de comunicarnos con los demás que todos utilizamos en distintos momentos del día. El modo Yo-Ello conlleva la indiferencia hacia las persona con la que nos comunicamos, es decir, no considera al interlocutor como alguien a quien debamos mostrar empatía y con quien establecer una conexión real, y su reacción emocional nos importa poco o nada. Lo tratamos como un ello, un objeto cuya respuesta solo interesa desde un punto de vista exclusivamente utilitario.

En determinados contextos profesionales y sociales, el Yo-Ello se ha establecido como un modo aceptable e

---

25. *Ich und Du*, escrita en 1923, desarrolló la filosofía del diálogo.

incluso preferente de comunicación, evitándose así el tener que considerar como un igual a la persona a la que nos dirigimos.[26]

El modo Yo-Tú, en cambio, exige un esfuerzo por parte de sus usuarios para lograr establecer una conexión significativa, esto es, basada en la sincronía, la empatía y el reconocimiento social del otro.

¿Es por esto por lo que resulta tan fácil insultar y agredir en la red?

Algunas de las características que más alarma social provocan entre los usuarios de las redes sociales son la despersonalización y la crueldad que caracterizan la forma de dirigirse a los demás de una parte de los usuarios de internet. Veamos cuál es el mecanismo que se da en estos casos:

Cuando insultas a alguien físicamente presente, te ponen mala cara. Dado que de forma instintiva estamos programados para empatizar con los demás y contagiarnos de sus emociones, vas a contagiarte de los sentimientos de la persona a la que acabas de insultar. Esta es una de las razones por las cuales no solemos decir cosas hirientes a la cara de los demás. Pero si en vez de decirle a la cara a alguien algo desagradable, lo escribes sin mirarle a los ojos, no vas a contagiarte de su malestar, y además te sentirás bien porque estarás ejerciendo poder. Entonces ya no tendrás límite: el subidón de placer te llevará a seguir agrediendo impunemente, y te acostumbrarás a decir y a hacer cosas que duelen a los demás

---

26. Daniel Goleman cita dos profesiones específicas, el periodismo y la política, como ámbitos en los que se tiende a utilizar de forma preferente el modo Yo-Ello.

sin responsabilizarte por ello ni pagar el precio de su malestar.

Por lo tanto, la tendencia a cosificar a los demás se potencia en la red, y contagia a personas que no cosificarían en la vida real y que tal vez ni siquiera son conscientes de lo destructivas que resultan sus palabras a través de una pantalla, simplemente porque no hay nadie a quien mirar a los ojos.

Necesitamos nuevas competencias
para una nueva forma de
comunicarnos

Aquí estamos, en un entorno nuevo para el que no estamos programados, bombardeados con datos y sin disponer todavía de las habilidades necesarias para gestionar todo esto. Por ello, las circunstancias exigen que seamos más conscientes y deliberados en la forma de gestionar cómo nos relacionamos con los demás, cómo nos conectamos con el resto del mundo.

¿Qué me sugieres?

Un recomendación sería hacer pausas intencionales, lo que se denomina «el momento humano»:[27] «Si quieres gozar de un momento en el que realmente te sientas conectado, tienes que apartarte de la pantalla, ignorar tus dispositivos electrónicos, dejar de soñar despierto o de tener la cabeza en otra parte y prestar plena atención a la persona con la que te encuentras». Esto no siempre resulta fácil, porque nos estamos entrenando para prestar una atención muy dividida al resto del mundo. Escri-

27. Este es un término acuñado en el Harvard Business School.

biendo acerca de la soledad en los Estados Unidos del siglo XXI, los profesores de psiquiatría de Harvard Jacqueline Olds y Richard Schwartz hacen referencia al «culto a estar ocupado», que se ha convertido en una insignia de honor moderna. Sugieren que afrontamos tanta presión para ser «productivos» que descuidamos las relaciones «innecesarias» que resultan tan vitales como la comida o el agua.

Hay un dato curioso en este sentido, y es que como pasamos más y más tiempo mirando las pantallas, tenemos menos tiempo para mirar a las personas a los ojos. El declive del contacto visual entre las personas, incluyendo aquellas que nos importan más, como la pareja o los hijos, es algo que ya está bien documentado. La televisión y las pantallas que nos rodean absorben cada vez más el tiempo de los usuarios. Además, consultamos de media nuestros teléfonos unas ciento cincuenta veces al día, y una encuesta reciente en Gran Bretaña reveló que la gente joven pasa más tiempo con sus teléfonos que con sus parejas (119 minutos versus 97 minutos). Sin embargo, la conexión emocional que logran dos personas cuando conversan depende en buena medida de cuántas veces se miran a los ojos; cuando se establece un vínculo emocional, esto puede ocupar entre el 60 y el 70 por ciento del tiempo. El contacto visual es la forma más intensa de comunicación no verbal.

Cambiar un hábito es siempre difícil, pero cambiar un hábito emocional y personal es particularmente difícil. Lo explica Tara Bennett-Goleman en su libro *Mind Whispering*: «Cuando desarrollamos un hábito, este se convierte en una opción automática en el cerebro y, por tanto, nos parece lo natural, lo correcto. Así que, para romper un hábito, hay que llegar a hacer un pacto consciente con uno mismo, una forma concreta de romper el hábito. De ese modo creas un hito neural, que con un poco de tiempo se convierte en algo natural, y ya no tienes que pensar en ello, porque poco a poco se convierte en algo fácil y automático. Pero hasta que no logras esos hitos neurales no consigues cambiar los hábitos, en este caso aquello que creas que te puede ayudar a conectar con los demás». «No vas a conectar en profundidad con nadie que esté distraído —nos recuerda Daniel Goleman—. La atención plena al otro es una forma de amor.»

Una reflexión final...

Ser conscientes de nuestra extraordinaria vulnerabilidad y susceptibilidad frente a las fuerzas sociales que nos rodean resulta impresionante, para bien y para mal. Por una parte asusta que sea tan fácil heredar la tristeza, la soledad y la mala salud. Por otra, también resulta esperanzador comprender la fortísima capacidad que tenemos de superar circunstancias difíciles, de reparar y gestionar nuestras vidas. En palabras de la escritora Judith Shulevitz: «Si colocas a un huérfano en una acogida temporal, su cerebro reparará las conexiones que le faltan. Si enseñas a una persona solitaria a responder a los demás sin miedo ni paranoia, con el tiempo, su cuerpo generará menos hormonas de estrés y se sentirá menos mal. Si cuidas de una mascota o empiezas a creer en un ser sobrenatural, tu puntuación en la escala de soledad de la UCLA se verá reducida. Incluso un acto tan simple como unirse a un club atlético o a una iglesia puede producir lo que Cole llama "remodelación molecular" [...] Un mensaje que extraigo de esto es que no solo cuentan las primeras fases de la vida: tenemos que elegir bien cómo vivimos». Por fin la ciencia está radiografiando algo que llevamos siglos intuyendo: necesitamos aprender a conectar con los demás, elegir cuidadosamente, día a día, cómo convivimos, nos relacionamos y comunicamos con el resto del mundo. Necesitamos el amor de los demás.

DIARIO DEL ESTRÉS: CONOCE TUS PUNTOS MÁS VULNERABLES

Los problemas sociales son una fuente de estrés. ¿Sabes qué eventos y situaciones te estresan? Esta es una herramienta diagnóstica que te ayudará a conseguir una visión de conjunto de cómo reaccionas al estrés durante períodos largos, por ejemplo, un día entero.

Piensa en lo que los cardiólogos llaman «*holter*», una prueba que durante un tiempo registra los movimientos de tu corazón; consiste en la monitorización ambulatoria del registro electrocardiográfico por un tiempo prolongado, habitualmente unas veinticuatro horas, en una persona que está en movimiento. Se la llama así por el biofísico Norman Holter, que estableció las bases de la monitorización cardíaca en 1949. Este diario funciona de la misma manera respecto a tu salud emocional: cuando conozcas lo que te suele causar estrés, podrás elegir el mejor plan de entrenamiento para gestionarlo. Con el diario del estrés, comprenderás cuáles son las fuentes más corrientes de estrés en el día a día y cómo sueles reaccionar ante ellas.

Para ello, apunta en un diario durante unos días, de forma sistemática (a intervalos regulares, en función de la exactitud que quieras lograr), los eventos que te ocurren, no importa la importancia que les des en ese momento. Se trata de lograr una radiografía de tus días, durante un tiempo, para poder extraer posteriormente algunas conclusiones generales.

Al cabo de dos semanas, repasa tu diario y analízalo:

– Haz una lista de las diferentes fuentes de estrés que has sufrido en estas dos semanas.

– Haz una lista de frecuencia de estrés: los más comunes primero, los más inhabituales al final. Esto te indicará las fuentes de estrés más habituales.

– Haz una lista de intensidad de estrés: los más desagradables primero, los más livianos al final. Esto te indicará la intensidad del estrés.

Al principio de cada lista encontrarás tus prioridades para poder gestionar tu estrés. Con estas prioridades, puedes plantearte un plan de entrenamiento sencillo, paso a paso, con el que vayas abordando de forma regular y sistemática aquello que quieras mejorar. Para ayudarte en este sentido, apunta en tu agenda las metas que quieras trazarte y comprueba que sigues probando distintas estrategias hasta encontrar las que te resultan más eficaces.

Cuando escribas una entrada en tu diario, apunta lo siguiente:

Fecha y hora

En una escala del 1 al 10 (el 10 es igual a máxima felicidad), apunta cómo te sientes de feliz en ese momento y una palabra que describa tu humor: triste, exasperado, feliz, enfadado, sorprendido, etc.

1   2   3   4   5   6   7   8   9   10

- ☐ Triste
- ☐ Exasperado
- ☐ Feliz

- ☐ Enfadado
- ☐ Sorprendido
- ☐ _____

En una escala del 1 al 10 (el 10 es lo más estresado que te hayas sentido jamás), apunta cómo te sientes de estresado en ese momento.

1   2   3   4   5   6   7   8   9   10

_____

Apunta lo más estresante que te acaba de pasar ahora mismo.

_____

_____

Apunta el síntoma físico que tienes en este momento (mariposas en el estómago, dolor de cabeza, corazón acelerado, manos húmedas…).

_____

_____

¿Qué ha causado el estrés? Sé lo más directo y claro que te sea posible.

_____

_____

¿Cómo te has enfrentado a este evento estresante? ¿Has tenido una reacción útil para gestionar tu estrés?

_____

_____

SIETE SEMANAS PARA CAMBIAR DE PESIMISTA A OPTIMISTA

El pesimismo, una estrategia mental para prepararse para lo peor y evitar decepciones, puede contagiar nuestras vidas de una forma devastadora para nuestra salud física y mental. En cuanto consigues romper el círculo vicioso del pensamiento negativo tienes que empezar a pensar y actuar de forma más positiva, hasta lograr consolidar nuevos circuitos en el cerebro necesarios para relacionarte mejor con los demás y disfrutar de una vida más creativa y satisfactoria. Hay un espacio de la BBC en el que el presentador, Michael Mosley, experimentó con un programa para mejorar su pesimismo. Practicó de forma regular dos ejercicios: atención plena y un entrenamiento cognitivo para modificar su percepción del mundo que le rodea. No tomó drogas, y sin embargo consiguió sentirse mejor. Los resultados, científicamente comprobados, fueron excelentes en tan solo siete semanas. ¿Quieres hacer lo que él hizo?

Cuando Michael vino por primera vez nos dijo que siempre había sido bastante pesimista y que le gustaría cambiar y ser más optimista. En teoría, la parte de atención plena debería ayudar a Michael a aprender a controlar su respuesta al estrés, lo que mejoraría su capacidad de concentración y le ayudaría a relajarse. Aquí hemos recreado la tarea que le asignamos a Michael para que tú puedas probar el mismo programa. Lo que debes hacer es:

Hacer el test del optimismo en http://www.rainybrainsunnybrain.com/optimism-test. Esto te dará una indicación acerca de cómo te comparas con los demás. A continuación, si lo deseas podrás:

Poner a prueba tu sesgo cognitivo en http://baldwinlab.mcgill.ca/labmaterials/bbc/dotprobe/onlinedotprobe.html. Esta tarea mide el sesgo de atención, y es importante seguir las instrucciones y mantener los ojos tan fijos en el centro de la pantalla como te sea posible. Esta prueba es mucho más breve que la que le hicimos a Michael y, aunque tampoco está tan bien controlada, debería darte una indicación razonable de si tienes tendencia a orientarte hacia lo positivo o hacia lo negativo.

Acuérdate de tomar nota de los resultados de tu test de optimismo y de sesgo cognitivo para poder compararlos con la puntuación que obtendrás después de tu entrenamiento en positivo.

Por último, puedes volver a entrenar tu atención para ampliar un sesgo positivo en la atención, lo que denominamos «entrenamiento en positivo». La tarea que utilizamos fue desarrollada por el doctor Mark Baldwin de la McGill University de Canadá (http://www.mcgill.ca/social-intelligence) y por el doctor Stephane Dandeneau (http://www.mcgill.ca/social-intelligence/people/alumni). Tuvieron la amabilidad de darnos acceso a su juego de entrenamiento de la atención, además de concedernos la oportunidad de que tú lo pruebes aquí: baldwinlab.mcgill.ca/labmaterials/materials_BBC.html.

La idea es realizar esta tarea al menos tres veces por semana durante un período de seis a ocho semanas. También tendrás que hacer meditación de atención plena durante unos diez minutos al día, tres días a la semana, durante el mismo período de tiempo.

Al término de ese período de siete u ocho semanas, puedes hacer de nuevo el test de optimismo y la prueba de sesgo de atención para ver si has experimentado algún cambio.

CAPÍTULO TRES

LA CARA OSCURA DE LA LUNA

Estrategias para sobrevivir en la jungla humana

En este capítulo tendrás que tomar decisiones morales. Cómo decides, ¿con la cabeza o con el corazón? La moralidad, ¿es un código social, o tiene algún fundamento innato y universal? ¿Crees que los bebés tienen sentido de la justicia? Descubrirás aquí tu nivel de desarrollo moral, y así no podrás llamarte a engaño. Las personas, ¿somos fundamentalmente egoístas, o piensas que en el fondo nos importan los demás? ¿Sabes que tiendes a creerte víctima de todo y de todos, y que eres excelente exagerando tus buenas intenciones? Eso nos complica mucho la vida al resto de las personas: ahora por fin podrás detectar cuándo te estás pasando. Por cierto, hay un nazi en potencia dentro de ti: descubre cómo esquivar la banalidad del mal. También escondes a un héroe que el mundo necesita urgentemente: rescátalo y déjalo volar. ¡Bienvenido y que disfrutes!

Un vagón de tren descontrolado va directo hacia cinco personas atadas en la vía del tren. Todas van a morir, a menos que tú presiones una palanca que desvíe el vagón hacia otra vía, donde hay una sola persona atada. No hay tiempo que perder. ¿Desviarías el tren?

☐ SÍ   ☐ NO

Volvamos al principio de la escena. Las cinco personas están atadas a la vía del tren. Podrías evitar las cinco muertes si logras frenar el tren con algo pesado. Hay un hombre corpulento que está cruzando el puente encima de la vía: si lo empujas delante del tren, su pesado cuerpo frenará el tren y solo morirá él. ¿Lo empujarías?

☐ SÍ   ☐ NO

Si has dicho SÍ la primera vez y NO la segunda, has decidido lo que decide la mayoría.[1] Pero ¿por qué lo has hecho? ¿No crees que en *ambos casos estás intercambiando una vida por cinco*?

1. Estas son las conclusiones de una encuesta *on-line* hecha a doscientas mil personas en un centenar de países por los psicólogos Fiery Cushman y Liane Young.

Lo cierto es que personas en todo el mundo, de todas las edades, condiciones y creencias religiosas, coinciden y afirman que existe una diferencia entre desviar el tren con una palanca o empujar a un hombre a la vía. Aunque no saben cuál es.

Y tú, ¿sabrías justificar tu decisión?

Te recuerdo el dilema planteado: en el primer escenario del vagón descontrolado, cuando teníamos que elegir entre salvar a cinco personas o matar a un inocente, la mayoría opta por un *cálculo utilitario y lógico, beneficiar a la mayoría,* eligiendo cinco vidas por encima de una vida. Pero en el segundo caso, la mayoría no opta por este cálculo utilitario, sino que se inhibe y no interfiere.

¿Cuál es la diferencia entre los dos planteamientos?

La diferencia es que en el segundo tenías que ponerte manos a la obra y sacrificar *personalmente* a un hombre inocente. El razonamiento que has seguido es el mismo que te impediría, probablemente, matar a un paciente en un hospital aunque sus órganos pudiesen salvar a cinco personas, o tirar al mar a una persona para evitar que se hundiera un bote salvavidas sobrecargado. Tampoco optarías por una decisión utilitaria en estos casos, ¿verdad?

¿Por qué? ¿Cuál ha sido el factor decisivo en mi decisión?

El filósofo y neurocientífico Joshua Greene sugiere que, simplemente, no estamos programados para dañar conscientemente a aquellos a quienes consideramos inocentes. Es una idea que resulta desagradable a la inmensa mayoría, lo cual no impide, tal y como veremos a lo largo de estas páginas, que, cuando nos conviene, somos maestros autoconvenciéndonos de que los demás no son inocentes... La facilidad con que transformamos a los inocentes en culpables es una característica muy humana, que entraña un complejo proceso de autojustificación que descubriremos a lo largo de estas páginas.[2]

El dilema del tranvía es unos de los casos[3] más conocidos que planteó en 1999 Joshua Greene a las cientos de personas cuyos cerebros observó mientras tomaban distintas decisiones. Preguntando a las personas «¿qué harías en esta situación?» es como logramos descubrir algunos de los grandes mecanismos psicológicos que nos llevan a tomar determinadas decisiones, sobre todo aquellas que tienen que ver con lo que consideramos correcto o incorrecto, bueno o malo, es decir, decisiones morales que afectan a las personas que nos rodean.

Para probar su hipótesis, Greene quiso buscar indicios de un posible conflicto entre las áreas del cerebro implicadas en nuestras decisiones morales. Con colegas de la Universidad de Princeton, observó el cerebro de docenas de individuos a través de resonancias magnéticas, planteándoles dilemas morales que implicaban matar a alguien inocente con sus manos. Cuando se nos plantea este tipo de dilema moral, a las personas se nos activan distintas partes del cerebro, incluyendo circuitos cerebrales que detectan las emociones de los demás, circuitos que activamos cuando tomamos decisio-

2. Lo describen varios psicólogos sociales, entre ellos Elliot Aronson en su clásico *Mistakes were made, but not by me*.
3. Fue ideado por Philippa Foot en 1967 y analizado extensamente por Judith Jarvis Thomson y otros a lo largo de estas décadas.

nes no-morales (como cuando decidimos si queremos tomar un tren o un avión para llegar a nuestro destino), y también una parte más antigua que se activa cuando se produce un conflicto entre distintas partes del cerebro. Por tanto, nuestra activación cerebral, en los casos en que hay que dañar a un inocente, es compleja y contradictoria. Sin embargo, cuando las personas tienen que tomar una decisión que no implica matar con sus manos, solo se activa la parte del cerebro no emocional —la que tiene que ver con el cálculo utilitario—, y por tanto decidimos en función del bien de la mayoría.

¿Hay excepciones?

Hablamos de tendencias mayoritarias, así que claro que hay muchas excepciones. Algunas son muy llamativas. Por ejemplo, los pacientes que tienen los lóbulos frontales dañados (y por tanto respuestas emocionales afectadas) prefieren empujar al hombre corpulento inocente a la vía del tren para salvar las cinco vidas. Y los neurocientíficos Hanna y Antonio Damasio han demostrado que algunos niños que sufren daños importantes en sus lóbulos frontales pueden convertirse en adultos irresponsables y crueles a pesar de tener inteligencias normales: mienten, roban, hacen caso omiso de los castigos, ponen en peligro a sus propios hijos y toman decisiones diferentes a las de la mayoría cuando se les plantean este tipo de dilemas morales.

Así que la teoría de Greene podría ser cierta: si le planteas a tu cerebro tener que elegir entre un rendimiento de coste-beneficio óptimo (como es una decisión utilitaria) y una intuición emocional... ganarán las emociones. Jonathan Haidt es uno de los muchos psicólogos «intuicionistas» que afirman que nuestras creencias morales están basadas en las emociones más que en la razón, y aduce que este es el motivo de lo que él denomina *moral dumbfounding*, o «desconcierto moral», esto es, la dificultad que tenemos para explicar exactamente el porqué de nuestras creencias morales, como por ejemplo por qué algunos condenan la homosexualidad. Si les preguntas por qué, muchos dirán «No sé, es extraño, no es normal...» y probablemente no sabrán decirte concretamente la razón de su rechazo.

¿Y qué nos lleva a decidir con la parte más emocional del cerebro?

La evidencia sugiere que nuestros circuitos emocionales se activan cuando *conectamos* con la otra persona, es decir, cuando le dedicamos atención. Esto resulta más probable —aunque no imprescindible— si la estamos tocando o mirando, o si estamos de alguna manera físicamente cercanos a ella. La mirada de los demás nos enciende y nos comunica con el otro: a distancia resulta más complicado conectar, y nos obliga en todo caso a activar niveles de empatía que no todo el mundo ha sabido o podido entrenar. Cuando falla ese elemento de conexión solemos crear una distancia emocional, y en esos casos es más probable que nuestra respuesta sea menos emocional o que se imponga la opción utilitaria.[4]

4. En el capítulo anterior, mencionamos la facilidad con que las personas desconectan emocionalmente de los demás en la red y que por ello resultan crueles, porque no pueden contagiarse físicamente de las emociones del otro (esa capacidad de contagio emocional es como un cortafuegos natural que frena o mitiga la crueldad). Esto nos alerta de que nuestras decisiones morales, en apariencia racionales, tienen un sustrato inconsciente, frágil y manipulable, con muchos claros y oscuros, llamado emociones.

Un momento. ¿Todo lo que decido me obliga a elegir entre el bien y el mal?

No, no todas nuestras decisiones se ven afectadas por nuestro sentido moral. Algunas cosas las hacemos simplemente porque son preferencias inconsecuentes. Vamos a ver un ejemplo concreto. ¿Te gusta vestirte de naranja fosforescente?

No, no me gusta...

Bien, pues como no te gusta vestirte de naranja fosforescente no lo haces y punto. Evitas esa acción, ¿verdad? ¿Y qué harías si alguien en tu casa, o con quien te cruzas en la calle, se vistiese de naranja fosforito? No te lo tomarías a mal. Te da igual que otros se vistan de naranja. Simplemente, tú evitas hacerlo porque no te gusta. Es una cuestión de preferencia.

En cambio, cuando hablamos de preferencias *morales,* el asunto cambia. No es solo que prefieras *evitar* esa cosa porque no te gusta... Cuando algo despierta tu sentido moral, eres mucho más proactivo: *condenas* aquello que consideras inmoral y *no puedes admitir* que ese hecho inmoral ocurra en tu presencia. Cuando condenas algo porque te parece inmoral, incluso tu lenguaje corporal cambia: te pones erguido, tu voz es más firme... Tu cuerpo también refleja que entras en modo de alerta, porque estás ante algo que te parece importante. Es decir, que algo inmoral tiene características que lo diferencian de algo que simplemente «no te gusta», como una fruta cualquiera, un color o un paisaje.

¿Cómo reconozco un juicio moral sobre una simple preferencia?

¡Excelente pregunta! Nuestros juicios morales tienen algunas características que puedes reconocer fácilmente: de entrada, cuando algo te parece inmoral lo *universalizas* o, lo que es lo mismo, consideras que es malo y reprobable en cualquier rincón del mundo, lo haga quien lo haga. Piensa por ejemplo en el asesinato: si el asesinato te parece moralmente reprobable, pensarás que cualquiera que asesine, en cualquier lugar del mundo, está haciendo algo reprobable. Y por ello, también queremos evitar y castigar los actos que consideramos inmorales.

¿Y cómo sé qué situaciones deben considerarse inmorales?

Has puesto el dedo en la llaga. Ahora verás por qué el prestigioso psicólogo social Stephen Pinker[5] dice que nuestro sentido moral puede ser una fuerza muy positiva, pero también tremendamente destructiva. Es evidente que el sentido moral de las personas es útil para que individuos y colectivos luchen contra injusticias como el asesinato, la violación o el maltrato, pero ¿qué pasa si reemplazas *asesinato* o *violación* por otras acciones a las que por alguna razón aplicas un valor moral, como por ejemplo la *blasfemia,* la *idolatría* o la *homosexualidad?* ¿O qué pasa si reemplazas la palabra *asesinato* por un simple color, como el naranja, porque por alguna razón le asignas alguna connotación inmoral a ese color? Las personas que enjuician estas prefe-

5. *The better angels of our nature,* de Stephen Pinker, es un libro de psicología social imprescindible.

rencias o actos desde una perspectiva moral están convencidas de que esas preferencias y actos son condenables y *deben ser evitados y castigados* en todo el mundo. Así que nuestro sentido moral puede darnos razones para querer impedir, incluso violentamente, a las personas vivir como ellas prefieren, porque sus preferencias infringen las normas y los tabúes de un determinado sistema moral.

¿Sobre qué basamos nuestros códigos morales? ¿Es algo innato, biológico, cultural, religioso?

Descubrir cuál es la fuente de nuestro sentido moral ha ocupado durante siglos a filósofos y teólogos. Hasta ahora, las respuestas a esta pregunta dependían de elucubraciones intelectuales más o menos acertadas, aunque difícilmente comprobables. Sin embargo, las últimas décadas, a través de la neurociencia, la genética, la psicología y la antropología, nos están permitiendo desvelar mecanismos concretos a través de los cuales construimos nuestro sentido moral.

Comprender hasta qué punto son legítimas y defendibles las bases de nuestras creencias morales —y sus consiguientes juicios— resulta fundamental. Vislumbrar los mecanismos que activan nuestro sentido moral nos permite comprender el porqué de nuestras decisiones y preferencias morales. Sin embargo, es algo para lo que no nos han entrenado, y esto afecta gravemente a nuestra convivencia con los demás, en casa, en el barrio, en nuestros lugares de trabajo, entre naciones... ¿Echamos un vistazo a esta bomba de relojería interna que llevamos activada y que dicta cómo tratamos y juzgamos a los demás?

Veamos algunas de las claves de nuestro sentido moral, empezando por las más antiguas, las raíces de nuestro sentido moral, las que responden a factores evolutivos.

*Hoy por ti y mañana por mí: ser generosos
con los demás nos ayuda a sobrevivir*

Somos una especie eminentemente social que necesita a los demás para sobrevivir, por lo que nos ha interesado reprimir determinados instintos naturales para fomentar nuestra supervivencia y nuestro éxito evolutivo.[6] Renunciamos a privilegios individuales para poder favorecer a nuestro grupo, y para ello desarrollamos comportamientos que favorecen la pervivencia de la especie, como el afecto hacia nuestros hijos, que asegura su supervivencia, o los tabúes morales contra el incesto, que disminuyen el riesgo de los cruces genéticos. Como nuestra fuerza está en nuestra capacidad de colaboración, resulta lógico que los humanos hayamos desarrollado fuertes emociones prosociales, como la empatía, la capacidad de sentir remordimientos, celos y afecto por los demás. Los biólogos que favorecen esta explicación evolutiva de nuestro sistema moral piensan que el fenómeno del altruismo recíproco es una de las bases de nuestra moralidad: su función es la de asegurar que unos recursos finitos puedan repartirse entre todos los miembros. Para ello, los miembros de un grupo tenderán a no querer acaparar todos los recursos, o querrán compartirlos

6. Los biólogos Marc Bekoff y Jessica Pierce afirman que la moralidad es un conjunto de capacidades y comportamientos probablemente compartidos con cualquier mamífero que viva en grupos sociales complejos, como lobos, coyotes, elefantes, delfines, ratas o chimpancés.

con los demás, para que a su vez los demás miembros del grupo puedan ayudarles cuando ellos lo necesiten.

Así pues, algo que interpretamos como un comportamiento que denota «generosidad» tiene sus raíces en un instinto de supervivencia que se da de forma más pronunciada cuanto más impredecible resulta un determinado entorno.[7]

¿Significa esto que en el fondo somos todos unos egoístas, que actuamos solo por interés?

Mira a tu alrededor: cada vez que veas a alguien ayudando a un ciego a cruzar la calle, o dando una limosna a un necesitado, o cuidando amorosamente de sus hijos..., ¿creerás que en el fondo lo hace solo por interés? El estereotipo del «gen egoísta»[8] se ha popularizado enormemente en las últimas décadas, aunque en el proceso hemos tendido a confundir un simple sustrato biológico con la motivación diaria de nuestros deseos y acciones. Desde luego, cuando manifestamos una tendencia

7. Por ejemplo, hay murciélagos vampiro que no consiguen presas para alimentarse cada noche, mientras que otros consiguen alimento sin problemas. Los murciélagos que consiguen comer regurgitan parte de la sangre de sus presas para evitar que un compañero muera de hambre. Puesto que estos animales viven en grupos estrechamente unidos durante muchos años, un individuo puede contar con que los demás miembros del grupo le devolverán el favor las noches en las que tenga hambre (Wilkinson, 1984).

8. La teoría de la evolución de Darwin centra la historia de la evolución en torno a la supervivencia de la especie, pero en realidad la esencia de nuestra supervivencia no radica en las personas, sino en los genes que contenemos... Por ello, Dawkins proponía, en el trigésimo aniversario de su obra, renombrar su libro *El gen inmortal*, en vez de *El gen egoísta*.

a un cierto comportamiento, esa tendencia puede estar enraizada en la lucha darwiniana por perpetuar nuestros genes y por sobrevivir, pero eso no le quita mérito a aquello en lo que nos hemos convertido y por lo que luchamos día a día. Los genes son solo un punto de partida, un condicionamiento que llevamos programado. El altruismo recíproco (el «Hoy por ti, mañana por mí») es solo la base evolutiva sobre la que se asienta nuestra tendencia a la justicia, pero no implica que todos realicemos buenas acciones para conseguir deliberadamente que nos devuelvan el favor un día u otro. De hecho, el mundo está plagado de ejemplos de personas que hacen cada día pequeños y grandes actos generosos sin esperar una recompensa a cambio.

Los genes no obligan, solo condicionan.[9] En palabras de Stephen Pinker, «... una teoría que predijera que todo el mundo se sacrificará siempre por el bien ajeno sería tan absurda como una teoría que pronosticara que nadie lo hará jamás. Junto con la tendencia del santo está la tendencia de quien es empático o solidario a regañadientes, personas que atraen a menos parejas y tienen relaciones de menor calidad pero que no hacen los sacrificios necesarios para tener buena reputación. Y las dos posibilidades pueden coexistir en las personas tramposas, las que se aprovechan de los incautos a la primera oportunidad. Un ecosistema de tendencias, cada cual con su propia estrategia, puede evolucionar cuando la recompensa de cada estrategia depende del número de personas que participan en las otras.»

9. Si os interesa leer más acerca de este tema, os recomiendo el artículo clásico que el biólogo Robert Trivers escribió en 1971, en el que mostraba cómo la selección natural puede empujarnos hacia la verdadera generosidad.

Sigamos, pues. Mi sentido moral tiene una base evolutiva, de acuerdo... ¿Tiene también una base fisiológica y genética?

No hemos encontrado genes morales concretos, pero sí que tenemos evidencias circunstanciales que indican que podrían existir. Por ejemplo, los rasgos genéticos que conforman nuestro temperamento[10] nos predisponen a ser más o menos agradables y responsables. Bien, pues estos dos rasgos se repiten en mayor medida en los gemelos que han sido separados al nacer —es decir, que comparten los genes pero no el entorno— que en hermanos adoptados que crecen juntos, aquellos que comparten el entorno pero no los genes. Por otra parte, las personas a las que se les diagnostican psicopatía o desórdenes antisociales suelen mostrar síntomas de estos desórdenes desde que son pequeños: tienden a acosar a los demás niños, a torturar a los animales, suelen mentir y muestran incapacidad para la empatía y la mala conciencia, a pesar de haberse criado en ambientes familiares normales.

En lo fisiológico contamos con las neuronas espejo, que se activan en nuestro cerebro cuando observamos a los demás. Estas neuronas nos permiten reconocer y sentir fisiológicamente lo que los demás sienten, y constituyen una de las piedras de toque más evidentes de nuestro desarrollo social y de nuestro sentido moral. Los circuitos neurales que sustentan nuestras decisiones morales

10. Los cinco rasgos o factores principales se suelen denominar tradicionalmente: factor O (*Openness,* o apertura a nuevas experiencias), factor C (*Conscientiousness* o responsabilidad), factor E (*Extraversión* o extroversión), factor A (*Agreeableness* o amabilidad) y factor N (*Neuroticism* o inestabilidad emocional).

están relacionados con los circuitos que activan el reconocimiento de las intenciones y de las emociones de los demás. Esto también apoya la hipótesis de que nuestros razonamientos morales están relacionados con la capacidad de comprender la perspectiva de los demás y sus sentimientos. Recordemos además que la incapacidad de sentir por los demás, de ponerse en la piel del otro, es decir, la falta de empatía, es una de las características anómalas que se dan en los psicópatas.

Los bebés también muestran señales de moralidad

Llevamos décadas comprobando que los bebés también tienen, a su manera, un sentido moral. Existen muchos ejemplos de ello: Paul Bloom y Karen Wynn han demostrado que los más pequeños muestran inclinaciones morales, ya que tienen una cierta capacidad para distinguir entre acciones amables o crueles, y muestran empatía y compasión si los demás sufren; por ejemplo, los bebés pueden ofrecer espontáneamente sus juguetes a los demás y consolar a las personas que muestran señales de tristeza. También manifiestan el deseo de mitigar el sufrimiento ajeno, así como un sentido de la justicia rudimentario que incluye el deseo de que las buenas acciones sean recompensadas y las malas castigadas. Aseguran también los psicólogos Elliot Turiel y Judith Smetana que, desde los cuatro años, los niños ya empiezan a vislumbrar la diferencia entre las convenciones sociales y los principios morales.[11] El Instituto Max Planck, en Ale-

---

11. En sus estudios, comprobaron que los niños de cuatro años dicen que no está bien ir a la escuela en pijama (una convención social), y que tampoco está bien pegar a otro niño sin razón alguna

mania, también ha presentado evidencias de que los bebés humanos son capaces de realizar actos altruistas sin
ninguna expectativa de recompensa, incluso cuando se
requiere un esfuerzo considerable y cuando el beneficia-
rio es un individuo desconocido. Y en un estudio publicado en 2011 por científicos de la Universidad de Washing-
ton, en Estados Unidos, se demostró por primera vez que
ese altruismo, junto al sentimiento de justicia, aparece
en humanos a edades muy tempranas, concretamente en
bebés de tan solo quince meses.

*¿Hay una parte de nuestro sistema moral que
compartimos todos, y que podría considerarse
innata?*

Muy probablemente. Antropólogos como Donald E.
Brown han recopilado una serie de conceptos y emociones morales que se manifiestan a lo largo y ancho de la
tierra, como la capacidad de distinguir entre el bien y el
mal; la empatía; el deseo de ser justos y ecuánimes; la
admiración hacia la generosidad; la convicción de que
existen derechos y obligaciones; el rechazo del asesinato,
la violación y otras formas de violencia;[12] la necesidad de
intentar deshacer el daño infligido a los demás; el rechazo a dañar a la comunidad; la vergüenza, y los tabúes.

(un principio moral). Sin embargo, si les preguntas si estas dos acciones serían aceptables si el maestro las autoriza, la mayoría dice
que no les importaría ir a la escuela en pijama, pero que pegar al
niño inocente seguiría sin ser aceptable.

12. El deseo de evitar hacer daño no es algo que se encuentre
solo en nuestra especie, sino también en muchas otras, por ejemplo
entre los monos Rhesus, que prefieren pasar hambre con tal de no
tirar de una cadena que les proporciona comida a ellos pero al
mismo tiempo suelta una descarga eléctrica a un compañero.

*Entonces, ¿existe algún precepto moral básico
sobre el que podríamos ponernos de
acuerdo?*

El concepto de la *Golden Rule,* o ética de la reciprocidad, probablemente sea el precepto moral más reconocido en el mundo. Tiene un fortísimo fundamento fisiológico, ya que, como acabamos de ver, estamos físicamente dotados, desde el punto de vista biológico y psicológico, de los mecanismos que nos ayudan a ponernos en la piel del otro, a sentir su sufrimiento y su alegría, y a contagiarnos de las emociones del prójimo. Tal vez por ello, el precepto «Haz a los demás lo que te gustaría que te hiciesen a ti» —o, en su versión negativa, «No hagas a los demás lo que no quieras que te hagan a ti»— forma parte, en mayor o menor medida, de prácticamente todas las corrientes religiosas, sociológicas y filosóficas.[13]

El lingüista y filósofo Noam Chomsky apunta que este principio de universalidad —«*Si es bueno o malo para mí, es bueno o malo para ti*»— tiene que estar en la base de cualquier sistema moral para que este pueda considerarse aceptable.

*Parece razonable. ¡Ya tenemos algo en lo que ponernos
de acuerdo!*

Lo parece, pero no es así... Fíjate en qué fácil es romper ese precepto: respetamos y tratamos bien a quienes consideramos nuestros iguales, pero *basta con negar a*

13. Como concepto, la Regla de Oro tiene una historia muy anterior al término «Regla de Oro» o «Ley de Oro», que es como se denominaba hasta 1670.

los demás su derecho a ser considerados iguales para que
nuestro precepto ya no sea aplicable.

La (complicada) búsqueda de unos principios morales comunes para todos

En la difícil búsqueda de aquellos principios morales que pudieran unirnos o separarnos, antropólogos
y psicólogos como Richard Shweder, Alan Fiske o
Jonathan Haidt no solo han revisado sino que también
han categorizado las preocupaciones morales comunes de la gente en todo el mundo. En el proceso, han
descubierto una serie de *leitmotivs* o temas morales recurrentes.

Los humanos, al menos bajo ciertas circunstancias y
con algunas personas:

- Pensamos que es malo hacer daño a la gente y que
  es bueno ayudarla.
- Valoramos la justicia, queremos devolver los favo-
  res, recompensar a quienes realizan buenas acciones y castigar a quienes hacen lo contrario.
- Valoramos la lealtad a nuestro grupo, compartir
  con los demás, ser solidarios y conformarnos con
  las normas establecidas.
- Respetamos a las autoridades legítimas y nos incli-
  namos ante el estatus de las personas.
- Solemos valorar conceptos como la pureza, la limpieza y la santidad.

El antropólogo cultural Richard Shweder fue uno de
los primeros y más influyentes investigadores en estudiar estas tendencias morales comunes. Detectó que se
podían aplicar y agrupar en tres áreas básicas a las que

solemos aplicar la categoría «moral» (es decir, algo que universalizamos y que queremos proteger):

El respeto a la DIVINIDAD: este ámbito moral pretende proteger el lado espiritual de la naturaleza humana, y se basa en conceptos como el orden natural, el orden sagrado, la santidad o el pecado.

El respeto a la COMUNIDAD: pretende dignificar a las personas en función de su papel y aportación a la sociedad, y se basa en conceptos morales como el deber, la jerarquía y la interdependencia.

El respeto a la AUTONOMÍA: pretende proteger el derecho de los individuos a conseguir lo que desean, y se basa en conceptos morales como el daño, los derechos humanos y la justicia.

Más tarde, Jonathan Haidt,[14] un psicólogo social que trabaja en la Universidad de Nueva York, amplió, a partir de una revisión del trabajo de Shweder, hasta cinco ámbitos morales universalmente presentes en la historia de la humanidad. Los humanos en todo el mundo...

1. ... quieren evitar hacer daño;
2. ... quieren ser justos/ecuánimes;
3. ... quieren ser leales a su grupo o a su comunidad;
4. ... quieren respetar la autoridad y el estatus;
5. ... quieren defender la pureza y la integridad física y moral.

14. Jonathan Haidt es autor de dos libros influyentes, *The Happiness Hypothesis: Finding Modern Truth in Ancient Wisdom* (2006) y *The Righteous Mind: Why Good People are Divided by Politics and Religion* (2012). Podéis leer más acerca del intuicionismo moral en YourMorals.org, una web muy recomendable que ofrece información práctica para cualquiera interesado en aprender o enseñar cómo tomamos decisiones.

Estos ámbitos, que son algo así como sistemas psicológicos enraizados en nuestra historia evolutiva, podrían considerarse, en palabras del propio Haidt, como los colores primarios de nuestro sentido moral. Stephen Pinker afirma en este sentido que «la moralidad consiste en el respeto o la violación de uno de los modelos relacionales: traicionar, aprovechar o subvertir una coalición; contaminarse a uno mismo o a la propia comunidad; desafiar una autoridad legítima; dañar sin provocación; beneficiarse sin coste; malversar fondos, o no respetar derechos».

Entonces, si compartimos tantos ámbitos morales, ¿qué es lo que nos separa?

Los grandes ámbitos morales son comunes a todos. Sin embargo, *diferimos en nuestra forma de priorizarlos y gestionarlos*. En función de sus recursos y prioridades, cada cultura construye sus propias narraciones, preferencias e instituciones en torno a estos grandes ámbitos morales.

Esta podría ser la explicación de por qué la expresión de nuestro sentido moral varía tanto entre culturas, y sin embargo comparte tantas similitudes y temas recurrentes. La idea de que pueda existir una analogía entre la gramática y la moralidad tiene raíces profundas, pero ha ganado adeptos en las últimas décadas, impulsada en parte por las influyentes teorías lingüísticas de Noam Chomsky, que propone que la habilidad humana para aprender idiomas está programada en el cerebro. Esta teoría sugiere que nuestra capacidad lingüística se manifiesta de forma natural sin necesidad de ser entrenada, y que todos los idiomas humanos comparten determinadas características. De forma similar, a medida que los científicos de distintos campos se centran en la psicología y biología de la moralidad humana, muchos intentan describir la naturaleza y los orígenes de la moralidad a partir de conceptos y modelos similares a los que utiliza Chomsky en sus teorías lingüísticas.

¿Y por qué me siento tan a gusto con mi sistema moral? Es que me parece inevitable, indiscutible...

Aunque se trata de una imposición cultural, los humanos tenemos la sensación de que nuestro sistema es «natural» porque lo es *hasta cierto punto* (tiene las raíces evolutivas universales que hemos comentado) y porque además nacemos inmersos en ese sistema particular, nos criamos allí, asociamos nuestra seguridad a este sistema, estamos íntima y afectivamente vinculados a las personas que pertenecen a él... Además, como todos los que nos rodean tienen las mismas prioridades que nosotros —las que dicta nuestro sistema moral—, sentimos que nuestra seguridad, y tal vez incluso nuestra salvación eterna, pueden depender de ello. Esta mezcla natural y cultural se nos mete debajo de la piel.

Es difícil por tanto poner en cuestión un determinado sistema moral. Nuestros sistemas morales se convierten en edificios sólidos, relativamente estancos y automatizados, *a menos que seamos capaces de cuestionarlos.* Y como acabamos de ver, esto nos resulta muy difícil: traspasar actividades a distintas esferas morales, o eliminarlas de una esfera concreta, esto es, cuestionar cómo aplicas tus preceptos morales, no es sencillo.[15]

15. Sin embargo, investigadores como Fiske y Tetlock han detectado en los últimos tres siglos una tendencia por parte de los sistemas sociales a transformar sus sistemas morales. La transforma-

Veamos un caso concreto. Si eres occidental, probablemente habrás nacido en un sistema moral donde se priman la comunidad y la autonomía del individuo por encima de la «divinidad» (o, lo que es lo mismo, de los conceptos morales y formas de relacionarse derivados del respeto moral a la figura divina). Y fíjate en cómo esto puede cambiar tu forma de pensar y de relacionarte: la mayoría rechazamos que se pueda hacer daño en abstracto, aunque a la hora de la verdad todo depende de cómo asignamos nuestros recursos en función de nuestras preferencias morales. Hay sociedades, como la nuestra, en las que *se puede maltratar la tierra y venderla,* y no se considera un acto inmoral, *pero en cambio no se puede hacer lo mismo a las mujeres o los niños.*

Nuestro sistema también tiende a asignar un valor económico a todos sus recursos; y esto, que puede ser positivo en la medida en que potencia la igualdad y el reparto de los mismos, también entraña peligros que resultan evidentes en nuestras sociedades.

Concretamente, hay demasiado poco debate en torno a si estamos poniendo precio a cosas que no lo tienen, o si por el contrario estamos ignorando los costes indirectos de una gran parte de nuestra actividad económica; por ejemplo, ignoramos el coste y el sufrimiento de las víctimas que mueren o enferman a causa de distintos tipos de polución en favor de determinados mercados e industrias. Resulta extraño que simplemente silenciando un ámbito tan importante como el moral —es decir, ignorando el impacto de nuestras acciones en los demás— evitemos tomar decisiones que podrían ser básicas y be-

---

ción indica que, en Occidente, estamos pasando progresivamente de una ética comunitaria hacia un sistema que potencia la autonomía del individuo y la igualdad.

neficiosas para las personas. Preguntarse qué papel deben tener los mercados en una sociedad justa y sana es algo que tendría que estar a la orden del día en los debates sociales y discursos políticos.

Por ello, pensadores como Sandel aseguran que en las últimas tres décadas, sin haberlo siquiera decidido conscientemente, hemos pasado de *disponer* de economías de mercado, a *ser* una economía de mercado:[16] «La diferencia es esta: una economía de mercado es una herramienta —una herramienta valiosa y eficaz— para organizar la actividad productiva. Una sociedad de mercado, en cambio, es un lugar en el que casi todo está en venta. Es un modo de vida en el que los valores del mercado calan en las relaciones sociales y gobiernan cualquier área... Nuestra reticencia a abordar cuestiones moralmente dudosas en política nos ha dejado en una mala posición para deliberar acerca de uno de los temas más importantes de nuestro tiempo: ¿dónde pueden hacer un buen servicio público los mercados y dónde no deberían entrometerse?».

Y es que todo cambia en función de dónde sitúas tus prioridades y recursos. En relación a ello, articulas tus relaciones con el resto del mundo, juzgas y vives tu día a día. Como ves, lo moral no es algo indiferente: permea y define cómo tratas al resto del mundo. Si renuncias a entender tu sistema moral, si no sabes gestionarlo, pones tus decisiones en manos de otros, como una marioneta.[17]

16. Michael J. Sandel enseña filosofía política en la Universidad de Harvard. Recientemente ha publicado *What Money Can't Buy: The Moral Limits of Markets*.

17. Protegemos tu sistema moral con una serie de tabúes incuestionables que podrían considerarse nuestras fronteras morales, y que automatizan cómo nos relacionamos y comportamos con los demás.

¿Cuáles son los riesgos que entrañan nuestros sistemas morales?

Un riesgo evidente que compartimos todos es la dificultad que tenemos para cuestionar y corregir nuestros sistemas morales. Esto se agrava aún más cuando están basados sobre verdades religiosas reveladas, ya que éstas no se avienen a ser escrutadas con la razón y la empatía en la mano; sin embargo, veremos más adelante que la razón y la empatía han sido, y siguen siendo, instrumentos imprescindibles para lograr convivencias y sociedades más pacíficas.

Otra de las sombras que comparten todos los sistemas morales es que tendemos a considerar que todo aquel que no pertenezca a este modelo se deshumaniza y, por tanto, puede ser explotado, ignorado y objeto de abusos. Imagina, por ejemplo, que tu cultura le da una gran importancia al modelo comunitario, en el que la empatía, la compasión y la ayuda mutua son valores (o, como los denominaría un psicólogo social, «recursos») que pones al servicio de los demás. El problema surge cuando estos recursos se ofrecen solo a aquellos que «pertenecen» a tu grupo concreto. Como se comentó en el capítulo anterior, las personas tendemos a aplicar distintas reglas morales en función de si los demás pertenecen o no a nuestro grupo. En pocas palabras: desperdiciamos o negamos a «los de fuera» nuestro capital de empatía, afecto y ayuda, restringiéndolo innecesariamente a un solo grupo.

¿Qué podemos hacer?

Podemos escrutar nuestros sistemas morales con la razón y la empatía en la mano. Por ejemplo, los estudios sugieren que *cuando limitamos la capacidad de legislar moralmente de las esferas tradicionales comunitarias, autoritarias y puristas, se tienden a reducir los niveles de violencia y exclusión* porque se amplían los círculos de empatía. Lo cual quiere decir que poner nuestro sentido moral en manos de una sociedad más empática y menos dogmática nos ayuda a convivir más pacíficamente.

Por ello, los países que adoptan formas de gobierno democráticas pretenden que lo religioso, con sus códigos morales basados en la verdad revelada, se restrinja al área personal, para que todo cuanto afecte al ámbito público mantenga una neutralidad lo más ecuánime posible. Encontrar marcos morales que nos protejan de forma tolerante, inteligente y humana implica *abrir a toda la sociedad el debate de cómo queremos vivir y relacionarnos,* pasando por el filtro del sentido común nuestros intereses encontrados y *rechazando el dominio de aquellos sistemas morales basados en verdades reveladas irracionales, intransigentes, injustas o excluyentes.*

¿Y cómo sabemos lo que hay que defender?

Aunque por desgracia no lo discutamos abiertamente en las televisiones o en la calle, este es un debate soterrado pero muy intenso que se viene dando desde hace unas décadas, coincidiendo con la secularización progresiva de la vida pública. Convendría que tuviésemos más claros los términos del desencuentro. ¿Qué nos preocupa? En palabras de Stephen Pinker, esto es lo que nos preocupa: «La perspectiva científica nos ha enseñado que algunas partes de nuestra experiencia subjetiva son producto de nuestra constitución biológica y no tienen ninguna contrapartida objetiva en el mundo. Ahora bien, si la distinción entre lo correcto y lo incorrecto es también un producto de las conexiones cerebrales, ¿por qué deberíamos creer que es más real que la distinción entre rojo y verde? Y si no es más que una alucinación colectiva, ¿cómo podríamos argumentar que males como el genocidio o la esclavitud son nocivos para todo el mundo en lugar de parecernos simplemente desagradables a nosotros?».

¿Significa eso que todo vale? ¿No puedo defender conceptos morales básicos?

¡En absoluto! El filósofo Julian Baggini[18] pone el dedo en la llaga cuando denuncia que la mala fama que se ha ganado el relativismo en las últimas décadas «es quizá el mayor ejemplo de analfabetismo filosófico». Baggini afirma que el conflicto entre civilizaciones no se está dando entre el Islam y Occidente, sino entre la certeza dogmática y el relativismo pragmático. A ello contribuyen las iglesias[19] que acusan a las democracias liberales de ser monumentos, no a la civilización inteligente y tolerante, sino a la bancarrota moral. «¿Cómo hemos llegado a esta opción tan funesta? El dedo culpabilizador tiene que apuntar sobre todo a los académicos e intelectuales que tanto empeño han puesto en desprestigiar las ideas populares que han creado una cultura en la que *el punto medio entre encogerse de hombros y el fundamentalismo dogmático ha quedado vacío*. A menos que podamos encontrar un ejemplo convincente en el que no tengamos que elegir entre el relativismo y el dogmatis-

18. Julian Baggini es editor del *Philosophers' Magazine* y autor de *Welcome to Everytown*.
19. «El relativismo parece ser el fundamento filosófico de la democracia», dijo Joseph Ratzinger en 1996.

mo, cada vez más gente rechazará el primero y se aferrará al segundo...»

La realidad con la que todos nos enfrentamos día a día es que casi nadie en este mundo es un relativista moral en el sentido caricaturesco del término (hemos visto anteriormente que en todo el mundo compartimos creencias morales comunes). Es evidente que, a menos que se sea un psicópata, la inmensa mayoría de las personas tienen metas morales a las que aspirar. Sin embargo, también existen razones concretas por las cuales no siempre es posible vivir de acuerdo con estas metas morales al cien por cien, y de ahí que hablemos de relativismo moral.

Básicamente, a un relativista moral su religión no le obliga a aceptar ciegamente una verdad revelada excluyente y absoluta, porque *no ha puesto a Dios a cargo de sus creencias y decisiones morales*. Por lo tanto, pondrá los intereses de *todos* los actores morales involucrados en una decisión moral en la balanza. Por ejemplo, aunque a un relativista moral le desagrade la idea de abortar porque mantiene la convicción de que no hay que dañar o matar a los inocentes, esa creencia no excluye otras creencias morales. Si vive en Occidente, por ejemplo, le dará una importancia especial a aquellos valores y conceptos morales que tienen que ver con la autonomía del individuo. En este caso se resistirá, por razones morales igualmente válidas, a imponer a una mujer violada la obligación de tener un hijo, o a obligar a un niño a nacer con graves deficiencias, o a forzar a una familia o una adolescente a cuidar de un hijo no deseado. Este relativista moral, cuando pone *todas sus creencias morales* en la balanza, puede decidir que es más inmoral negar el aborto a una niña o mujer que seguir a pies juntillas el precepto de «No matarás».

¿Y qué pasa cuando ponemos a Dios a cargo del sistema moral?

Por una parte, es una salida cómoda. Los realistas o absolutistas morales afirman que las verdades morales son como verdades matemáticas, objetivas, ciertas e inamovibles. Se trata, por supuesto, de «verdades» religiosas, es decir, verdades reveladas sin fundamento científico. Lógicamente, si aceptas que hay un sistema moral «verdadero» e indiscutible, te resistirás a romperlo. Pero ¿qué pasa cuando tu sistema moral te lo dicta un libro sagrado con ideas más o menos alejadas del sentido común, la justicia, la igualdad de oportunidades, la empatía o la compasión? Creerás que tienes el deber de luchar contra todo aquello que no sigue los preceptos morales de tu libro sagrado. Tendrás meridianamente claro lo que está bien y lo que está mal, porque para ello solo tienes que dar el paso de aceptar la verdad revelada que dicta tu religión.

Claro que esto también te creará algún problema: el absolutismo moral te obliga en principio a una coherencia muy estricta, porque no hay sombras en tu jerarquía moral. La realidad del día a día es bastante más compleja y difícil de estructurar (cuanto más globalizada y abierta es la sociedad, más problemas nos causan los conflictos morales que se pueden dar en el seno de una misma comunidad), así que los absolutistas morales suelen ponerse en la tesitura de tener que elegir entre el aislamiento, la intransigencia y la hipocresía..., o el consabido relativismo moral.

A medida que nuestras sociedades occidentales se despojan de sus códigos morales religiosos, necesitamos urgentemente educar a las personas para que puedan comprender, proteger y gestionar sus propias decisiones morales. Un gobierno paternalista que pretenda forzar

creencias morales religiosas particulares sobre el resto
de los ciudadanos —recordemos que cuando tenemos
creencias morales sentimos la necesidad de universali-
zarlas— está tratando a las personas como si no fuesen
capaces de tomar decisiones morales por sí mismas,
como si estuviesen sumidas en un estadio de desarrollo
moral infantil. ¿No resultaría más sensato y justo educar
a las personas para que puedan tomar sus propias decisiones morales?

Veamos ahora cómo construimos nuestra identidad
moral desde que nacemos y cómo la desarrollamos y
consolidamos a lo largo de nuestra vida.

Cómo desarrollas tu sentido moral

A lo largo de estas últimas décadas han surgido propuestas y teorías acerca de cómo evoluciona nuestro
desarrollo moral.[20] Una de las teorías más populares es
la de Lawrence Kohlberg, que se basó en el trabajo de
Jean Piaget. Piaget observaba a los niños mientras juga-

20. Lawrence Kohlberg, Jean Piaget y Elliot Turiel tienen apro-
ximaciones de tipo cognitivo al desarrollo moral; para estos teóricos, las formas de moralidad son una serie de estados constructivos
o dominios. Psicólogos sociales como Martin Hoffman y Jonathan
Haidt ponen un énfasis especial en el desarrollo social y emocional
basado en la biología, como por ejemplo la empatía. Los teóricos de
la identidad moral, como William Damon y Mordechai Nisan,
consideran que el compromiso moral surge del desarrollo de una
identidad propia definida por motivos morales: esta identidad moral propia conduce a un sentido de la responsabilidad para perseguir
esos propósitos. Son de interés histórico en psicología las teorías de
psicoanalistas como Sigmund Freud, quien creía que el desarrollo
moral es el producto de aspectos del superego como la evitación por
vergüenza-culpabilidad.

ban y posteriormente les hacía preguntas acerca de dilemas morales sencillos. Durante su trabajo, Piaget llegó a la conclusión de que los niños más pequeños asocian moralidad a obediencia, a través de la presión de los padres. A partir de los cinco años surge la moral de la solidaridad entre iguales, y a partir de los doce el niño puede acceder a la fase de moral de equidad, en la que desaparece la rigidez en la aplicación de las normas morales —propia de un estadio inmaduro—, a la vez que se afianza el control individual de la propia conducta. En esta etapa, el niño ya puede formular principios morales generales y defenderlos frente a las presiones y normas exteriores. Kohlberg amplió más tarde estos estadios a seis fases, aplicables al desarrollo moral del adulto.

Las seis fases de Kohlberg son:

1. Obediencia a la autoridad y castigo;
2. Individualismo y reciprocidad;
3. Buenas relaciones interpersonales;
4. Respeto a la autoridad y al orden social;
5. Contrato social y derechos individuales;
6. Principios universales y principios individuales.

Para descubrir en qué fase se encuentra una persona,[21] Kohlberg planteó a distintos adultos una serie de dilemas morales. Uno de sus dilemas más conocidos es este:

---

21. Estudiando las respuestas de niños de diferentes edades a estas preguntas, Kohlberg esperaba descubrir de qué maneras cambiaba el razonamiento moral a medida que la gente crece. La muestra comprendía 72 niños de Chicago de entre diez y dieciséis años, 58 de los cuales se sometieron a un seguimiento en intervalos de tres años durante veinte años (Kohlberg, 1984).

Una mujer está al borde de la muerte debido a un tipo especial de cáncer. Los doctores creen que un determinado medicamento descubierto por un farmacéutico de la misma ciudad puede salvarla. El coste de fabricación del medicamento es elevado (doscientos dólares), pero el farmacéutico está añadiendo al precio un cargo diez veces mayor a su coste (dos mil dólares por una dosis pequeña del medicamento). El marido de la enferma, Heinz, acude a todos sus conocidos para conseguir que le dejen el dinero, pero no puede reunir más de mil dólares, la mitad de lo que cuesta. Le dice al farmacéutico que su esposa se está muriendo y le pide que se lo venda a un precio más económico o bien que le permita pagárselo más adelante. Sin embargo, el farmacéutico dice: «No, yo descubrí el medicamento y pienso ganar dinero con ello». Heinz se desespera y entra a robar en el comercio del farmacéutico para hacerse con el medicamento para su esposa.

¿Hizo bien el marido en robar las drogas? ¿Qué contestarías si Kohlberg te hiciese estas preguntas?

1. ¿Cambiaría algo si Heinz no amara a su esposa?
2. ¿Y si el paciente moribundo fuera un desconocido? ¿Sería distinto?
3. ¿La policía debería arrestar al farmacéutico por homicidio si la mujer llegara a morir?

Si estás en la fase 1, dirás que hay que castigar a estas personas porque lo que hacen va contra la Ley (tu sentido de moralidad es externo a ti) y piensas que es el castigo el que demuestra que algo está mal.

Si estás en la fase 2, además del castigo externo, hablarán de si un intercambio es justo o injusto, por ejemplo de si el farmacéutico está robando a Heinz, o si Heinz está siendo injusto con el farmacéutico que ha desarrollado el tratamiento.

Si estás en la fase 3, tendrás en cuenta las intenciones de las personas. En este caso, la intención de Heinz no es robar, sino salvar la vida de su mujer, y eso podría justificar sus acciones. Puede que también compares y sopeses los motivos del farmacéutico con los de Heinz.

Si estás en la fase 4, tendrás en cuenta la sociedad que rodea a Heinz y al farmacéutico. Por ejemplo, te preguntarás qué pasaría si todo el mundo hiciese lo que hace Heinz, y desaprobarás sus actos aunque comprendas sus motivos.

Si estás en la fase 5, te plantearás cómo podría ser una sociedad ideal, y considerarás la tensión que genera el equilibrio entre mantener el orden social y los derechos del individuo. Por ello, tal vez pienses que infringir las leyes es malo para la sociedad, pero que un hombre tiene ante todo el deber de salvar a su esposa.

Si estás en la fase 6... Las personas que están en este estadio de desarrollo moral reflexionan acerca de los principios morales que deben sustentar una sociedad, al margen de lo que existe en ese momento en esa sociedad. Sin embargo, Kohlberg llegó a dudar de que las personas fuesen capaces de alcanzar ese estadio, y planteó que se trata de un estadio meramente teórico.

Aquí tienes el cuadro de desarrollo moral de Kohlberg:

Fase de moral preconvencional		
Fase 1	**Orientación a la obediencia o al castigo**	Este es el estado en el que empiezan todos los niños pequeños (y en el que se mantienen algunos adultos). Las reglas se perciben como algo fijo y absoluto. Obedecer las reglas es importante porque permite evitar el castigo.

Fase 2	Orientación hacia el interés propio	A medida que los niños crecen, empiezan a darse cuenta de que las otras personas tienen sus propios objetivos y preferencias, y que a menudo hay espacio para la negociación. Las decisiones se toman a partir del principio de «¿Qué me conviene?». Por ejemplo, un niño mayor podría hacer el siguiente razonamiento: «Si hago lo que mamá y papá quieren que haga, me recompensarán. Por consiguiente, lo hago».

Fase de moral convencional

Fase 3	Orientación hacia la conformidad social	Hacia la adolescencia, la mayoría de individuos está en esta fase. Existe el sentido de lo que hacen los «buenos chicos» y las «buenas chicas», y el énfasis se pone en vivir a la altura de las expectativas y normas sociales por cómo estas impactan en las relaciones de su día a día.
Fase 4	Orientación hacia la ley y el orden	Cuando los individuos alcanzan la edad adulta, suelen pensar en la sociedad como en un conjunto a la hora de emitir juicios. Se centran en mantener la ley y el orden siguiendo las reglas, cumpliendo con su deber y respetando la autoridad.

Fase de moral posconvencional

Fase 5	Orientación hacia el contrato social	En esta fase, las personas comprenden que hay opiniones discrepantes acerca de lo que está bien y lo que está mal, y que las leyes, en realidad, no son más que un contrato social basado en la decisión mayoritaria y un compromiso inevitable. En esta fase, las personas en ocasiones desobedecen las reglas si consideran que no encajan con sus valores personales y también argumentarán la necesidad de cambiar ciertas leyes que ya no «funcionan». Nuestras democracias modernas están basadas en la fase de razonamiento 5.

Fase 6	Orientación hacia la ética universal	Poca gente opera según esta fase durante todo el tiempo. Se basa en el razonamiento abstracto y en la capacidad de ponerse en la piel de los demás (empatía). En esta fase, las personas tienen una conciencia ejemplar y seguirán los principios éticos universales, a pesar de lo que digan las leyes y reglas oficiales.

¿Puedo mejorar mi nivel de desarrollo moral?

Sin duda alguna. Los psicólogos morales aseguran que nuestro sentido moral cambia en función de nuestro desarrollo personal,[22] que nos acompaña a lo largo de toda nuestra vida. De la misma manera que un niño se desarrolla física y psíquicamente hasta convertirse en un adulto, los adultos podemos progresar en nuestro desarrollo moral y adquirir herramientas de pensamiento moral. En sociedades donde los individuos tienen cada vez más autonomía y responsabilidades, necesitamos que puedan desarrollar una mayor alfabetización moral que les ayude a gestionar sus decisiones y sus modelos relacionales de forma inteligente, eficaz y cada vez más sofisticada.[23]

Ser conscientes de nuestro estadio de desarrollo mo-

22. El propio Kohlberg propuso una forma de educación moral socrática e insistió en la necesidad de que el desarrollo moral de las personas fuese una de las metas principales del sistema educativo. Se refería, por supuesto, no a adoctrinar a los niños y jóvenes, sino a enseñarles a comprender, cuestionar y gestionar los mecanismos que sustentan nuestras decisiones morales.

23. Si quieres hacer un test que te indique tu posible grado de desarrollo moral, aquí tienes el enlace al Test de Sentido Moral de Harvard: http://moral.wjh.harvard.edu.

ral y capaces de progresar en nuestra individuación y responsabilidad moral es, sin duda alguna, una de las necesidades que caracteriza este principio de siglo. Vivimos en una sociedad cada vez más diversa y empática que tiene que ser capaz de formular y reconciliar una miríada de principios morales complejos, y a veces contradictorios, para lograr construir un sistema moral lo más sofisticado, racional y ecuánime que nos sea posible. Si no lo hacemos, corremos el peligro de caer una y otra vez en la banalidad del mal.

¿Qué pasa cuando fallan nuestros recursos morales? La banalidad del mal

Imagina que eres una persona judía y alemana que ha tenido que huir de su país para salvarse de los peligros del nazismo. Ahora vives en Estados Unidos, donde tienes una carrera muy respetable en el campo de la filosofía y la enseñanza. Luego ocurre algo que crea una gran expectación en todo el mundo: es 1961, y va a televisarse el juicio al nazi encargado de organizar el traslado de los judíos de toda Europa hacia Auschwitz. Su nombre: Adolf Eichmann.

En esos años quedan ya pocos judíos vivos. Quieres ver de primera mano lo que pasa en ese juicio, comprender qué clase de persona puede haber provocado tanto dolor. Psiquiatras reconocidos como Theodor Adorno afirman en esos años que los nazis tienen una personalidad enfermiza, que se caracteriza por el desprecio a la simpatía y a la generosidad, por la glorificación de la fuerza y de la crueldad, por la certeza de que el humano es esencialmente egoísta y tiene un apetito voraz por el poder y la dominancia. Los nazis, dicen, son monstruos. Pero eres una persona inteligente, y como tú, miles de personas en todo el mundo se preguntan por qué tantos ciudadanos aparentemente normales han colaborado, activa o pasivamente, en el terrible holocausto. ¿Cómo puede ser? ¿Qué ha pasado?

En 1961, la filósofa judía de origen alemán Hannah Arendt se trasladó a Jerusalén, donde siguió, como reportera de *The New Yorker*, el juicio a Adolf Eichmann. Las conclusiones posteriores a las que llegó en una serie de artículos y en su conocido libro *Eichmann en Jerusalén* causaron conmoción. Y es que para Hannah Arendt, Eichmann no era la personificación del mal, sino la personificación de *lo fácil que es hacer el mal*. Denunció que aquel que todos consideraban como un ser intrínsecamente maligno era en realidad un hombre gris, que obedecía ciegamente las órdenes de sus superiores y que, simplemente, había renunciado a ejercer su sentido moral. Lo preocupante era, según Hannah Arendt, que cualquiera podía parecerse a él. Cualquiera podría hacer lo que había hecho Adolf Eichmann.

Su tesis despertó la indignación de una parte de la opinión pública, porque las teorías científicas del momento no contemplaban que el mal estuviese al alcance de cualquiera. Resultó chocante para muchos enfrentarse a esta posibilidad. Sin embargo, la voz de Hannah Arendt no cayó en saco roto, porque flotaba en el aire esa pregunta sin respuesta que se hacían miles de personas en todo el mundo después del holocausto: ¿cómo era posible que tantas personas hubieran dado la espalda, o hubieran colaborado activamente, con un proyecto tan abyecto?

Ahora sabemos que el mecanismo moral desencadenado entonces es similar, aunque en una magnitud diferente, al que vemos en los casos de acoso que se dan a diario en las escuelas y en las empresas. Por detestable que nos parezca la idea de que la crueldad es un recurso fácil y al alcance de casi cualquiera, lo vemos cuando un niño o un adulto acosan a una víctima. De entrada, la mayor parte de los demás niños y adultos evitarán enfrentarse al acosador. ¿Por qué? El primer impulso para callar será el miedo a convertirse en la siguiente víctima del acosador; pero muy pronto quienes apoyan al acosador de forma activa o pasiva entrarán en una espiral de autojustificación, porque a todos nos resulta sumamente desagradable convivir con el espectáculo de nuestra propia cobardía. El razonamiento que nos haremos para acallar la disonancia cognitiva[24] que nos genera la necesidad de reconciliar la indefensión de la víctima con nuestra complicidad con el acosador es el siguiente: «No ayudo a esta víctima, no porque yo sea un cobarde, sino porque *se merece que la acosen*». Y así el acosador va consiguiendo cada vez más apoyos, y aquellos pocos niños o adultos que tengan la valentía de intentar ayudar a la víctima se enfrentarán a un muro de indignación y de rechazo social.

Afortunadamente, y casi en paralelo al juicio de Eichmann, se conocieron los resultados de unos experimentos —hoy en día clásicos en la historia de la psicología social— llevados a cabo por Stanley Milgram. En ellos se comprobó cómo personas absolutamente normales, cuando se someten a la autoridad de otra persona, son capaces de ser gratuitamente crueles con los demás. Milgram afirmó que esos experimentos confirmaban en bue-

---

24. La disonancia cognitiva es la tensión o desarmonía interna que sentimos cuando mantenemos al mismo tiempo dos pensamientos que están en conflicto, o cuando hacemos algo que entra en conflicto con nuestras creencias.

na medida las teorías de Hannah Arendt. En un artículo[25] afirmó:

«Los aspectos legales y filosóficos de la obediencia tienen una importancia enorme, pero nos dicen muy poco acerca de cómo se comporta la mayoría de la gente en situaciones concretas. Preparé un experimento muy simple en la Universidad de Yale para comprobar cuánto dolor sería capaz de infligir un ciudadano corriente a otra persona solo porque un científico experimental se lo ordenara. Los imperativos morales más sólidos de los participantes acerca de no hacer daño a los demás se vieron enfrentados a una autoridad absoluta y, mientras los chillidos de las víctimas seguían resonando en los oídos de los participantes, la autoridad se impuso en la mayoría de los casos. La inclinación extrema de los adultos a llegar prácticamente hasta cualquier punto ante la orden de una autoridad constituye el hallazgo principal del estudio y el hecho que requería una explicación más urgente.

»Las personas corrientes que se limitan a hacer su trabajo sin hostilidad alguna por su parte pueden llegar a convertirse en agentes de un terrible proceso destructivo. Además, incluso cuando los efectos destructivos de su trabajo quedan claros y patentes y se les pide que lleven a cabo acciones incompatibles con los estándares fundamentales de moralidad, son relativamente pocas las personas que encuentran los recursos necesarios para resistirse a la autoridad».

Unos años más tarde, Philip Zimbardo llevó a cabo uno de los experimentos más famosos de la historia de la psicología: el experimento de la prisión de Stanford, que también quería indagar en los mecanismos que potencian

25. «The perils of obedience», 1974.

la capacidad de las personas de hacer el bien o el mal. «Podemos dar por sentado que la mayoría de las personas, en la mayoría de las ocasiones, son seres morales. Pero *imaginemos que esta moralidad es como un cambio de marchas que a veces se sitúa en punto muerto. Cuando ocurre esto, la moralidad se desconecta.* Si el coche se encuentra en una pendiente, tanto este como el conductor se precipitan cuesta abajo. Dicho de otro modo, lo que determina el resultado es la naturaleza de las circunstancias, no la destreza o las intenciones del conductor.»

Podemos aprender de nuestra historia y de nuestros experimentos sociales que cuando nos enfrentamos a colectivos que se organizan para llevar a cabo actos reprobables o crueles, existe la posibilidad de que entre esos colectivos haya monstruos morales inspirando y liderando a los demás; pero sin duda alguna, entre los cómplices y necesarios colaboradores activos o pasivos encontraremos a muchas personas que simplemente han renunciado a su autonomía moral con tal de poder pertenecer a un determinado grupo.

Por suerte, la intuición y la obra de Hannah Arendt han facilitado en las últimas décadas una serie de teorías y de investigaciones que nos resultan esclarecedoras para comprender cómo se potencian e instrumentalizan la moralidad y la inmoralidad humanas. Ahora sabemos que los humanos estamos programados con recursos cognitivos poderosos que nos llevan a buscar, casi a cualquier precio, la aceptación de los demás. Esta tendencia a la obediencia y a la conformidad con el grupo, combinada con una capacidad inconsciente para ignorar nuestras propias faltas y agrandar las de nuestros supuestos contrincantes, nos coloca en un lugar moralmente muy vulnerable. Entonces, ¿cuáles son las claves de la cooperación y la pacificación social?

Claves de la cooperación y la pacificación social

¿Somos naturalmente violentos? Stephen Pinker rechaza contundentemente la idea de que «los humanos albergamos una tendencia interna hacia la agresión (un "instinto asesino" o "sed de sangre"), que se desarrolla en nuestro interior y debe descargarse de forma periódica. Nada podría estar más alejado de la comprensión científica contemporánea de la violencia», asegura. La agresión no responde a un solo motivo, es el resultado de varios sistemas psicológicos que difieren en sus detonantes ambientales, en su base interna, neurológica y en su distribución social, como vemos aquí:

1. **Violencia depredadora o instrumental** — es decir, la violencia «aplicada como medio práctico para conseguir un objetivo».
2. **Dominación** — El «deseo de autoridad, prestigio, gloria y poder»; Pinker sostiene que las motivaciones de la dominación pueden encontrarse tanto a nivel individual como a nivel de «grupos raciales, étnicos, religiosos o nacionales».
3. **Venganza** — El «deseo moralizador hacia la retribución, el castigo y la justicia».
4. **Sadismo** — La violencia causada por el placer de infligir sufrimiento ajeno.
5. **Ideología** — Un «sistema de creencias compartido», que suele implicar una visión utópica que justifica la violencia ilimitada que persigue un bien ilimitado.

«Revisar la historia implica asombrarse repetidamente por la crueldad y la pérdida que comporta», dice Pinker, que sin embargo asegura en su brillante libro

The better angels of our nature que la etapa que estamos viviendo tras la segunda guerra mundial se caracteriza por «una creciente repugnancia ante la agresión a menor escala, incluyendo la violencia contra las minorías étnicas, mujeres, niños, homosexuales y animales. Estos derechos derivados del concepto de derechos humanos —derechos civiles, derechos de la mujer, derechos de la infancia, derechos de los homosexuales y derechos de los animales— se reivindicaron en un torrente de movimientos desde finales de la década de 1950 hasta hoy en día [...] Las tendencias tienen unas cuantas cosas en común. En cada caso tuvieron que nadar contra fuertes corrientes de la naturaleza humana que incluyen la deshumanización y demonización de los grupos a los que no se pertenece; la voracidad sexual de los hombres y su sentimiento de propiedad hacia las mujeres; manifestaciones de conflictos padres-hijos como el infanticidio y el castigo físico; la moralización de la aversión sexual en el caso de la homofobia; y nuestra hambre de carne, el entusiasmo de la caza y los límites de la empatía basados en el parentesco, la reciprocidad y el carisma...».

¿Qué podemos hacer para reducir y reeducar las tentaciones personales y sociales que nos derivan hacia la agresión gratuita? El psicólogo Jonathan Green recomienda el cultivo prioritario de «una habilidad metacognitiva», esto es, desarrollar la capacidad para comprender cómo funcionan nuestras mentes y qué tentaciones y mecanismos tienden a hacer descarrilar lo mejor de nuestra naturaleza humana.

Veamos algunas claves:

Desconfía de los grupos pequeños y grandes. No seas tribal.

La naturaleza nos ha diseñado para llevarnos bien en un contexto de sociedades de cazadores y recolectores relativamente pequeñas, así que nuestros cerebros son buenos a la hora de reconciliarnos y hacernos colaborar con aquellos grupos de los que formamos parte, pero en cambio no estamos dotados para llegar a compromisos y acuerdos con grupos de extraños o competidores. La moral no evolucionó para promover la cooperación universal, sostiene Green, sino para facilitar la cooperación dentro de un pequeño grupo.

En otras palabras: estamos programados para el tribalismo, lo cual significa que el problema no es tanto que puedan existir versiones diferentes de nuestras creencias morales, sino que no pertenecemos a las mismas tribus. Tanto Green como Bloom citan estudios en los que se asigna a personas a dos grupos, y aunque sepamos que la asignación es al azar, inmediatamente tendemos a favorecer a los integrantes de nuestro grupo.[26]

Seas quien seas, tu cerebro funciona así: olvidas tus propios pecados, si es que llegas a reconocerlos, y recuerdas tozudamente el mal que te han hecho. Para colmo, tiendes a fijarte en aquellos hechos que confirman tu tesis, y en cambio evitas fijarte en cualquier dato que la contradiga. Por ello, la psicología social sospecha, con razón, que la fuente de los conflictos humanos no se debe a que tengamos que convivir con sistemas morales dife-

---

26. Las cosas se complican aún más si los dos grupos enfrentados perciben que las pérdidas de un grupo son las ganancias del otro o, lo que es igual, si nos enredamos en un juego de suma cero, en el que uno gana lo que el otro pierde.

rentes, sino a nuestra tendencia a ver las cosas desde esta perspectiva poco objetiva. En general, y de forma instintiva, sobreestimamos el valor de nuestro grupo y magnificamos sus reclamaciones y quejas, y hacemos lo contrario con nuestros rivales.

Hay que reconocerlo, aunque lo hagamos con sentido del humor: los humanos retorcemos nuestros discursos morales con fines egoístas o tribales. Cuando combinamos nuestros juicios interesados con nuestra creencia instintiva de que el mal debe ser castigado, resulta más que probable que las personas y las naciones generen un torbellino de violencia.

Viaja y muévete

La movilidad social es uno de los elementos que más favorece la pacificación del mundo. Vivir en los confines cerrados de grupos humanos excluyentes y rutinarios implica arriesgarnos a perderlo todo si contradecimos la voluntad de estos grupos. Hoy en día tenemos la suerte de poder ampliar nuestros horizontes, conocer de forma física y virtual a personas y perspectivas diferentes, y aprender a respetar los derechos humanos en vez de venerar las peculiaridades de un grupo cerrado. La convivencia con otros grupos humanos es particularmente eficaz para mitigar nuestros instintos y convicciones morales: por ejemplo, los individuos que conocen en persona a homosexuales son más tolerantes con la homosexualidad.

Desarrolla tu inteligencia y tu autocontrol

Cada día somos más inteligentes, una tendencia muy prometedora que denominamos el «efecto Flynn». Se ha comprobado en más de treinta países que mejoramos de media tres puntos en el cociente intelectual cada década. ¿Por qué? No estamos mejorando en todos los ámbitos, sino específicamente en aquellos que no requieren la acumulación de información y datos, vocabulario y aritmética (en estos campos, más bien hemos empeorado). Nuestros avances intelectuales se están dando en ámbitos como el razonamiento abstracto, las analogías, las matrices visuales... Todos ellos relacionados, probablemente, con un entorno que utiliza cada vez más la tecnología y los símbolos.

Esto es tremendamente esperanzador, porque así como la denominada inteligencia general (GI) es hereditaria en un alto porcentaje, vemos en cambio que estos otros aspectos de la inteligencia se pueden entrenar. En este sentido, los indicios apuntan a que el efecto Flynn es probablemente el resultado de cambios positivos en el medio ambiente. ¿En qué sentido? Desde hace unas décadas, dedicamos cada vez más tiempo al razonamiento abstracto y manipulamos en cada vez mayor medida símbolos, en vez de animales o máquinas. Asimilamos docenas de abstracciones, proporciones, porcentajes, grupos de control, correlaciones, muestras representativas, falsos positivos, datos empíricos, estadísticas y análisis de coste-beneficio. En otras palabras: entrenamos el cerebro en ámbitos abstractos, complejos y sofisticados que potencian nuestra capacidad de razonar.

Por otra parte, sabemos que las personas con habilidades de razonamiento más sofisticadas son más cooperativas, tienen círculos de empatía mayores y son menos propensas a la violencia. Así que no lo dudes: elige la forma de potenciar tu cerebro que más te guste, pero entrénalo a diario igual que has aprendido a entrenar tu cuerpo.

Amplía tus círculos de empatía

La empatía es un recurso poco apreciado en una sociedad que intenta adjudicar un valor concreto y monetario a cualquier aspecto de la realidad, y que apenas en los últimos años está empezando a valorar aquello que resulta más difícil de medir. Una sociedad que considera que la empatía es sentimental, un lujo biológico que incluso puede llegar a fragilizar a las personas, es una sociedad que da la espalda a una de sus herramientas más potentes.

No es una coincidencia que el núcleo de esta idea —la capacidad de intercambiar perspectivas— siga reapareciendo en las filosofías morales a lo largo del tiempo, incluida la Regla de Oro; el punto de vista de Spinoza de la eternidad; el contrato social de Hobbes, Rousseau y Locke; el imperativo categórico de Kant, y la posición original de Rawls. También es la base para la teoría de Peter Singer del círculo de empatía que se expande, la propuesta optimista de que nuestro sentido moral, a pesar de estar moldeado por la evolución para sobrevalorar el yo, la familia y el clan, puede impulsarnos hacia el progreso moral, puesto que nuestro raciocinio nos invita a identificarnos con círculos cada vez mayores de seres vivos.

Lánzate a la banalidad del heroísmo

En contraposición a la banalidad del mal, Zimbardo acuñó el término «la banalidad del heroísmo»: «De la misma forma que tendemos a creer que hay algo dentro de la gente que le lleva a hacer el mal, queremos creer que también hay algo dentro de la gente que lleva a hacer el bien. Es algo que parece obvio, pero no hay evidencia convincente que apoye la idea de que hay una disposición innata hacia el mal y el bien, y desde luego no únicamente hacia el bien. Puede que la haya, pero necesitamos más datos concretos antes de convencernos de ello.

»Hasta entonces, propongo que nos centremos en los condicionantes medioambientales del bien y del mal, que intentemos comprender qué hay en nuestros entornos que nos lleva a hacer el mal, a ignorar el mal, a ser cómplices de acciones malvadas y ser así culpables de pasividad, mientras que otras personas actúan de forma heroica para ayudar a los que lo necesitan. Estoy convencido de que es vital que cada comunidad y sociedad implementen en sus instituciones formas transversales para enseñar a la gente a ser heroicos, que nos enseñen la importancia de practicar mentalmente las acciones heroicas, para poder defender las causas morales o simplemente ayudar a una víctima necesitada».

Y si todo falla, al menos ponte en la piel de tus adversarios

La ciencia nos dice que si nos fallan todos nuestros muros de contención, y cuando la agenda de nuestros adversarios nos resulta incomprensible, recordemos que probablemente no son psicópatas, sino personas normales prisioneras de una forma de pensar que no son capaces de gestionar, pero cuyos mandamientos les resultan tan obligatorios como a nosotros. Aunque también es cierto que algunos adversarios son de verdad psicópatas, y otros están tan cegados por un sistema moral irracional, punitivo y excluyente que resulta imposible tratar con ellos. En estos casos, frente a la sinrazón de este tipo de violencia inmoral, podemos recordar la advertencia de Gandhi: *Ojo por ojo y el mundo acabará ciego.*

«Desde el momento en que consideramos que la violencia es inmoral, la revolución de los derechos demuestra que un estilo de vida moral a menudo requiere un rechazo decisivo del instinto, la cultura, la religión y las prácticas generalizadas. En su lugar encontramos una ética inspirada por la empatía y el raciocinio, manifestada en el lenguaje de los derechos. Nos obligamos a meternos en la piel de otros seres conscientes y a pensar en sus intereses, empezando por el de no sufrir heridas ni morir, mientras que ignoramos las superficialidades que podrían llamarnos la atención, como la raza, la etnia, el género, la edad, la orientación sexual y, hasta cierto punto, la especie.» Son palabras de Stephen Pinker, que evocan estas otras del poeta W. H. Auden: «Debemos amarnos o morir».

NO SEAS SOLO SIMPÁTICO..., SÉ EMPÁTICO

Somos simpáticos cuando reconocemos las dificultades que atraviesa alguien. Somos empáticos cuando además somos capaces de comprender esos sentimientos de una forma más profunda. La empatía es necesaria para convivir y solucionar conflictos de forma pacífica.

Hay algunas habilidades básicas que nos ayudan a ser más empáticos, y una de las más importantes es la de escuchar de manera activa: hacer un esfuerzo consciente por escuchar lo que dice el otro lo más integralmente que nos sea posible, captar el mensaje en su contexto.

LA ESCUCHA ATENTA[27]

La primera vez que quieras practicar la escucha atenta, puede que te resulte difícil mantener una atención completa (cuando escuches) o encontrar cosas que desees expresar (cuando hables). La segunda vez, probablemente ambos requisitos te parecerán más sencillos. La tercera vez puede que empieces a experimentar el poder transformador de prestar atención a otro ser humano sin juzgarlo. Utilizado como forma de relación habitual, el proceso ahonda en capas de conexión, confianza y comprensión mutua cada vez más profundas. Si eliges incorporarla a tu vida como práctica regular con, por ejemplo, tu pareja, te recomendaría que la aplicaras al menos una vez por semana, aunque podría llegar a convertirse en una práctica diaria.

Lo único necesario es un lugar tranquilo, una persona con la que tengas algún tipo de relación (tu pareja, una amiga, un pariente, un colega), la voluntad mutua de aplicarla y un temporizador (uno de esos que emiten un sonido cuando ha pasado el tiempo especificado).

EL EJERCICIO

Busca un lugar y un momento tranquilos, y elimina cualquier tipo de distracción como los teléfonos u otros dispositivos. Sentaos uno frente al otro a una distancia cómoda y en una posición relajada. Decidid quién empezará (Persona A) y fijad el temporizador en diez minutos.

- La persona A habla durante diez minutos: comparte lo que se te ocurra en ese momento, lo que te pase por la cabeza. Cualquier reflexión estará bien, no hay temas buenos o malos. Podrían ser simplemente pensamientos dispersos, la situación actual entre tú y B, esperanzas, sueños... No terminéis antes de tiempo si se te acaban los temas que se te habían ocurrido. Si no sale nada más, quédate en silencio hasta que aflore otra idea.
- La persona B escucha en silencio y prestando mucha atención. Escucha lo que hay dentro de A, las observaciones, sentimientos y necesidades. No aporta nada más que su atención absoluta, que ya es mucho. Fíjate en si tu nivel de atención se desvía hacia tus propios pensamientos o juicios acerca de lo que oyes y, en ese caso, intenta volver a centrar toda tu atención en A. Lo más importante es que no digas nada... y eso incluye la comunicación no verbal.

---

27. Este es un ejercicio clásico de escucha atenta, explicado aquí por el *coach* Ian Peatey: http://www.nvcworld.com.

Cuando suene el temporizador, fíjalo de nuevo en diez minutos más y repite el ejercicio al revés: mientras la persona B habla, A se limita a escuchar.

Variaciones

Aquí tienes unas cuantas adaptaciones que puedes probar:

- Añade un espacio de cinco minutos después de las dos partes para tener la oportunidad de compartir la experiencia.
- Haz el ejercicio al aire libre, en un medio natural.
- Haz el ejercicio mientras camináis el uno junto al otro.

¿Por qué funciona?

Este ejercicio en ocasiones decepciona por su gran simplicidad, pero de todos modos funciona por el espacio de silencio y atención que nos brinda nuestra pareja. A la mayoría de nosotros nos resulta difícil expresarnos a nuestras anchas cuando sabemos que oiremos una reacción. El hecho de que se exija silencio al que escucha te da más libertad para decir lo que está sucediendo entre los dos participantes.

CARDIO EMOCIONAL: ENTRENA TU EMPATÍA[28]

Hay otra forma de cardio que funciona más o menos del mismo modo (que el cardio físico), aunque afecta al corazón emocional. Este ejercicio consiste en cultivar deliberadamente la empatía. Como hemos visto a lo largo de estas páginas, uno de los grandes descubrimientos de las últimas décadas es que la empatía no es un rasgo innato inamovible, sino una habilidad entrenable. La práctica regular de la empatía tiene enormes beneficios: una consciencia de unión que elimina la soledad, una capacidad natural para conectarse y relacionarse con los demás, una vida más amplia y más profunda. La empatía es una especie de puente que sirve para forjar conexiones entre dos personas.

EJERCICIO 1: DESCUBRIR A LOS DEMÁS

Si deseas sentir que perteneces al mundo, a una familia o a una relación, debes contar tu historia. Pero si lo que deseas es mirar en los corazones de otros seres humanos, lo primero que debes hacer es escuchar sus historias. A mucha gente se le da bien contar historias. Para ser un buen narrador hay que empezar con la conversación. Una vez al día, pregúntale a un amigo «¿Cómo estás?», de manera que se dé cuenta de que se lo preguntas de verdad. Si te dan una respuesta de compromiso («Bien»), repite la pregunta: «No, de verdad, ¿cómo estás?».

No tardarás en darte cuenta de que tu objetivo es simplemente comprender, y no aconsejar ni proteger, de que puedes hacer aflorar una especie de magia: en la calidez del verdadero cariño, la gente se abre... Te enterarás de cosas que ignorabas ignorar.

Algo más: los libros, películas, canciones..., las historias contadas en un medio artístico pueden proporcionarte un entrenamiento de empatía. Para crecer con más fuerza, busca historias que desconozcas. Si te limitas a leer, mirar y escuchar aquello que ya conoces bien, tan solo estarás buscando reconocimiento, no una expansión de tu empatía. No hay nada malo en ello, pero para conseguir un alto nivel de salud céntrate una vez por semana en la historia de alguien que te parezca completamente diferente a ti.

---

28. Adaptado de la *coach* Martha Beck.

EJERCICIO 2: INGENIERÍA INVERSA

Hay ingenieros mecánicos que se pasan la vida desmontando máquinas para ver cómo se concibieron originalmente. Puedes utilizar una técnica parecida para desarrollar la empatía, trabajando al revés, a partir de los efectos observables de la emoción y llegar hasta la emoción en sí misma.

Piensa en alguien a quien te gustaría comprender: tu enigmático jefe, tu madre distante, aquella persona que te interesa desde el punto de vista romántico y que puede corresponder o no a tu afecto. Recuerda una interacción reciente que hayas tenido con esa persona, en especial si te desconcertaron las sensaciones experimentadas. Y ahora, imita tan bien como puedas la postura física, la expresión facial, las palabras exactas y las inflexiones vocales que se utilizaron durante el encuentro. Fíjate en los sentimientos que afloran en ti.

Lo que sientas probablemente esté muy cerca de lo que experimentó aquella persona. Por ejemplo, cuando practico la «ingeniería inversa» a partir de la conducta de ciertas personas lo hago de un modo crítico o distante, normalmente me embriagan sentimientos como la timidez, la vergüenza o el miedo. Esa es una lección que me ha salvado de las preocupaciones y de las actitudes defensivas.

El cuerpo queda moldeado por las emociones y toma forma para que encaje en el de otra persona con un billete rápido hacia la empatía.

EJERCICIO 3: METTA-DITACIÓN

La práctica clásica de la *metta* empieza con uno mismo. Durante cinco minutos, con cada respiración, ofrécete pensamientos amables (puedo ser feliz, puedo sentir alegría, etc). Dedicarte estos minutos cada día puede encaminarte hacia una aceptación total e incondicional, los cimientos sobre los que se basa toda empatía, si bien es cierto que la mayoría de las personas incompletas y autocríticas tardan varios años en alcanzar ese punto.

A continuación, cambia el objeto de tu atención y pasa de tus pensamientos amables a un amigo o un miembro de la familia. Cuando experimentes una sensación de unión emocional con esa persona, dirige esa atención a alguien a quien apenas conozcas. Por último, como ejercicio de cinturón negro, proyecta los pensamientos *metta* hacia uno de tus peores enemigos hasta que puedas empezar a sentir aprecio por esa persona. No precipites este proceso y, sobre todo, ni se te ocurra la posibilidad de fingirlo, puesto que solo te convertirías es un pseudoempatizador edulcorado con la sonrisa plastificada de una reproducción en plástico de Neptuno.

UNA SUGERENCIA PARA LIBERAR A TU HÉROE INTERNO...

El heroísmo no tiene por qué implicar una intervención o confrontación. Puede ser una sencilla expresión de amor y preocupación verbalizada para ayudar a alguien que esté sufriendo un trastorno alimentario, un abuso de sustancias o una crisis personal. Se trata de salir de la zona de confort propia y de hacer algo que marque alguna diferencia en la vida de otra persona.[29]

---

29. En el año 2008, Dilbeck creó una organización, Response Ability, diseñada para enseñar el heroísmo cotidiano sobre todo a estudiantes universitarios. Esencialmente tiene un programa que puede implementarse con grupos de estudiantes universitarios para inspirar un compromiso con la intervención heroica, en cualquier situación. Puedes ver más al respecto en theconstantchoice.com/be-the-hero-you-want-to-be.

CAPÍTULO CUARTO

EL DESCANSO DEL GUERRERO

«Come, reza, ama»[1]

En este capítulo, vamos a reflexionar acerca de la necesidad de recuperar fuerzas en los ámbitos físicos, mentales y emocionales, centrándonos en estrategias concretas y prácticas que evitan que «quememos» los recursos de que disponemos. Para ello, descubrirás una forma sencilla de descodificar el mensaje de tus emociones y tendrás a tu disposición un variado menú de estrategias que te ayudará a gestionar tus necesidades y a potenciar tu energía vital. Y para que llegues a buen puerto sin perderte, une lo útil a lo divertido recorriendo nuestra escalera de energía vital. Encontrarás en cada uno de sus escalones una gran diversidad de gestos y guiños que te ayudarán a renovar tus fuerzas. ¡Regresarás de este viaje al interior de ti mismo con ganas de comerte el mundo!

1. El orden de la tríada del buen vivir que da título al libro de mi admirada Elizabeth Gilbert tiene sentido: primero, cuidar del cuerpo físico, encarnarse, alimentarse, comer. Después, rezar en el sentido más amplio, es decir, comprender y soñar hasta encontrar aquello que dota de respuestas a cada vida. Por último, con el cuerpo y el espíritu saneados, podremos amar, comunicarnos y fundirnos con el resto del mundo.

No hay guerra sin tregua, no hay amor sin celos ni posesión sin desvelo. No hay alegría sin tristeza, deseo sin espera ni luz sin sombra. Por ello, cada vez que salimos al mundo, aunque regresemos con un pequeño fajo de logros y alegrías, no faltarán las cornadas, decepciones y tristezas que asesta la vida. ¿Cómo las superamos? ¿Dónde se encuentran las fuerzas para seguir adelante?

Vivimos de espaldas a nuestra mente

Hemos vivido durante milenios de espaldas a una mente que ha tenido el papel de cenicienta en nuestras vidas. Aunque desde hace unas décadas somos mucho más conscientes de qué tipo de habilidades y entornos facilitan la salud mental y emocional de las personas, todavía arrastramos la costumbre ancestral de proteger por encima de todo nuestro cuerpo, de creer que este requiere todas las atenciones como si fuese un hijo mimado. Eso nos ha llevado a la sobreprotección física y al abandono emocional. Por ello, necesitamos centrarnos y entrenarnos conscientemente en adquirir los gestos que protegen nuestra mente en positivo.

¿Qué sabemos acerca de la mente? Estamos descubriendo que nuestra inteligencia resulta ser profundamente emocional. En la base de cada pensamiento racional hay una emoción. La inteligencia emocional no es una moda o una etiqueta: estas dos palabras unidas, inteligencia emocional, describen y reflejan una nueva comprensión de cómo son nuestro cerebro y nuestra inteligencia. Sabemos ahora que la razón no se opone a la emoción, sino que ambas están íntimamente ligadas. Con las emociones nos comunicamos, alcanzamos metas, aprendemos, convivimos, creamos, pensamos y tomamos decisiones. Si no educamos nuestras emociones, solo estaremos educando una parte de nuestra inteligencia.

¿Y por qué no se hablaba antes de nuestra inteligencia emocional?

Porque no teníamos los conocimientos que nos hubieran permitido saber que el cerebro es también el órgano de las emociones. Pero queramos o no, y aun de forma inconsciente, siempre hemos «educado» nuestras emociones, aunque solo haya sido a través de costumbres, creencias y gestos heredados y no cuestionados, de forma tácita, asimilando el sistema moral rígido de sociedades mucho más jerarquizadas e inmovilistas que la nuestra.

Hoy en día, nuestra forma de relacionarnos, aprender y convivir sigue enraizada en las grandes corrientes sociales, económicas y culturales, pero estas se han precipitado desde mediados del siglo pasado. Esta transformación social acelerada ha generado un conjunto de presiones psicológicas que pueden desembocar con facilidad en estrés y en un malestar psíquico y emocional subrepticio[2] una condición que preocupa a las grandes

---

2. Según la OMS, la depresión es la cuarta causa de invalidez mundial y será la segunda en 2020. En Estados Unidos, la ansiedad

organizaciones de salud en todo el mundo, porque carcome y debilita la salud mental de las personas.

¿Qué puedo hacer para proteger y consolidar mi salud mental?

Cuando gastas tus energías psíquicas y emocionales sin renovarlas, te pasa lo mismo que le sucede a tu cuerpo cuando lo desgastas sin darle opción a recuperarse: llegas al agotamiento, a un estado debilitante. Enfermas psíquicamente, en vez de enfermar físicamente.[3] Aunque nacemos con las pilas cargadas y energía vital suficiente para explorar y disfrutar de la vida, si no gestionamos nuestras emociones podemos llegar a sentirnos psíquica-

---

afecta al 25 por ciento de la población. Más del 75 por ciento de los pacientes con depresión sufren también ansiedad. En MPR, el diagnóstico más frecuente es el de «estado ansioso-depresivo», diagnóstico que aunque no existe realmente en el DSM-IV parece describir una verdadera entidad clínica. Los trastornos emocionales son diagnósticos graves de mal pronóstico (riesgo de suicidio, mortalidad precoz) y salen caros humana y económicamente. Es, pues, importante reconocerlos y hacerse cargo de ellos cuando aún se encuentran en una fase muy temprana.

3. El estudio SODA analiza las asociaciones entre problemas emocionales y factores de estrés psicosociales como el paro, la soledad, los problemas familiares, de salud o financieros. En efecto, cuanto más expuesto está un paciente a estos factores, mayor es el riesgo de presentar un desajuste emocional. Inversamente, los problemas emocionales pueden agravar una situación vulnerable preexistente. Aunque estas asociaciones han sido escasamente investigadas, el Instituto Universitario de Medicina General de Lausanne (IUMG) llevó a cabo en 2004 una investigación sobre los desajustes emocionales. Se trata del estudio SODA (somatización, depresión, ansiedad).

mente agotados. Y cuando te sientes así, llevas el mundo sobre los hombros.

La buena noticia es que, aunque todos estemos expuestos a factores estresantes, puedes aprender a reducir y gestionar el estrés activamente antes de que te «queme». Lógicamente, en función de su personalidad y recursos, cada persona lidia con mayor o menor habilidad con los efectos del desgaste y el estrés, pero sin duda resulta muy útil lograr descifrar las señales que indican que estás perdiendo tu energía vital para poder ponerles freno, ya que cuanto antes detectemos que estamos entrando en una espiral de desgaste, más fácil será ponerle remedio. El síndrome de agotamiento emocional por estrés (*burnout*,[4] en inglés) es un término psicológico que describe ese estado crónico de cansancio emocional, producido por demandas profesionales o personales excesivas que generan un estrés continuado para una persona. La persona que sufre *burnout* se debilita progresivamente, agotando o «quemando» metafóricamente los recursos físicos y mentales del organismo. Aunque el *burnout* se suele medir en relación a la vida laboral de las personas, resulta también útil para comprobar el nivel de cansancio emocional en la vida diaria.

Los síntomas y dimensiones descritos en el *burnout* son similares a los de otra plaga de nuestro mundo actual: el estrés. En el *burnout*, el estrés se convierte en algo crónico y conlleva una sensación de frustración permanente. Por ello, suele decirse que el *burnout* y el estrés son más bien una cuestión de grado de dos fenómenos parecidos: la aparición de dificultades para funcionar en lo personal y lo profesional. El *burnout*, o los estados

4. Literalmente, «estar quemado».

previos de desgana y cansancio vital, responden a una realidad social y personal que casi todos vivimos, o hemos vivido, en algún momento de nuestra vida. Por ello ha inspirado multitud de investigaciones en torno a cómo se puede prevenir, gestionar y combatir.

La mayor parte de la investigación que se ha llevado a cabo sobre el agotamiento emocional se ha basado en el modelo de las psicólogas Christina Maslach y Susan Jackson.[5]

Este propone tres grandes ámbitos en los que se manifiestan los síntomas del agotamiento emocional: el agotamiento emocional y físico; la distancia afectiva y el cinismo, y la desmotivación y falta de concentración. Algunos investigadores han defendido un modelo de detección del *burnout* basado exclusivamente en los síntomas del agotamiento emocional, ya que estos son síntomas muy característicos en los estadios previos

---

5. Christina Maslach y Susan Jackson identificaron por primera vez el *burnout* en la década de 1970 y desarrollaron una medida que sopesa los efectos del agotamiento emocional y el sentido reducido de logros personales. No existe un procedimiento estandarizado, general y válido a nivel internacional para conseguir un diagnóstico de *burnout*, pero para medirlo se suele utilizar el Maslach Burnout Inventory (MBI). Aunque la idea de *burnout* parece ser un fenómeno global, el significado del concepto difiere según el país. Por ejemplo, en algunos países la expresión «quemarse» se utiliza como diagnosis médica, mientras que en otros países no es un término médico, sino una etiqueta social aceptada que conlleva un mínimo estigma en términos de diagnosis psiquiátrica. El *burnout* no es un trastorno reconocido en el DSM a pesar de estar recogido en el ICD-10 y especificado como un «estado de agotamiento vital» en «Problemas relacionados con las dificultades para gestionar la vida» (Z73), aunque sin que llegue a ser considerado un «trastorno».

al *burnout*. En ellos vamos a centrarnos en este capítulo.

¿Y cómo sé si me estoy quemando? ¿Cómo puedo evitarlo?

Piénsalo al revés: ¿cómo te sientes cuando estás lleno de energía, cuando tienes ganas de comerte el mundo? Maslach y su colega Michael Leiter definieron la antítesis del *burnout*, o agotamiento emocional, con la palabra *engagement*, que podemos traducir como una sensación de compromiso y de implicación vital y entusiasta. ¿Te sientes así, al menos de vez en cuando? ¿O casi has olvidado esa sensación?

La infelicidad nos cuesta muy poco porque la supervivencia nos lleva a buscar instintivamente la vida más larga y confortable, al menor coste energético posible. Visto en estos términos, ser infeliz es menos costoso y más fácil que ser feliz. Por ello, el bienestar requiere ponerse manos a la obra.

Renueva tus recursos emocionales como renuevas tus recursos físicos

Tienes un buen referente en el que apoyarte, ¡porque ya conoces las estrategias de renovación en el ámbito físico! La sugerencia de que tenemos que invertir para protegernos, recuperarnos de nuestras pérdidas y adquirir nuevos recursos nos resulta absolutamente familiar y aceptable en el ámbito físico de nuestras vidas: dormimos, nos alimentamos, hacemos vacaciones, nos protegemos del frío y del calor, buscamos tiempo para hacer deporte, para abrigarnos con ropa adecuada a las estaciones... Y todo eso lo hacemos, en la medida de nuestras posibilidades, sin reparar en el tiempo, los recursos y la energía que nos supone. Entonces, ¿por qué nos resistimos a hacer lo mismo con nuestra mente?[6]

Para ello, hay que invertir conscientemente en el mantenimiento, la conservación y la reparación de las estructuras emocionales y psíquicas que hemos tardado años en consolidar, de la misma manera que inviertes en tus recursos físicos.

Hasta mediados de los años cincuenta del siglo pasado, la mayoría de los ciudadanos de clase media no practicaban deporte porque no conocían sus beneficios. El cambio social y personal que logramos entonces al incorporar el deporte a nuestras vidas es el que va a ocurrir en los próximos veinte años a medida que aprendamos a entrenar nuestras mentes en positivo, incluyendo el aprendizaje de la gestión de las emociones, que tanto pesan en nuestra salud mental y física.

¡Adelántate pues a lo que haremos de forma rutinaria en unos pocos años! Cuantos más recursos emocionales tengas, menos vulnerable serás a las pérdidas y al desgaste, así que renueva de forma habitual los recursos mentales y emocionales que consumes a diario.

Aquí tienes dos principios básicos que te pueden orientar en tus decisiones diarias para mantener el estrés a raya y mejorar tu energía vital:

6. Según la interesante teoría de conservación de recursos (Hobfoll, 1989) las personas tratan de adquirir y mantener recursos que les compensan del posible estrés, incluidos objetos (por ejemplo, casas, ropa, alimentos), características personales (por ejemplo, autoestima), condiciones (por ejemplo, estar casado o vivir con alguien ofrece apoyo social, más seguridad financiera) y energías (por ejemplo, tiempo, dinero y conocimiento).

Necesitamos formas prácticas de optimizar la conservación consciente e inteligente de estos recursos.

1. Ponte al mando de tu vida

En estudios relacionados con el entorno laboral,[7] se ha demostrado que uno de los elementos que tiene un impacto más significativo en nuestro nivel de energía emocional es hasta qué punto tenemos la sensación de que somos capaces de controlar y gestionar nuestra propia vida. A los humanos nos preocupa y debilita la sensación de que no controlamos las situaciones, de que todo está en manos de la suerte o del jefe.

Para que puedas poner esta idea en práctica, recuerda los estudios de Richard Wiseman sobre lo que caracteriza a las personas que dicen tener «buena suerte»: la buena suerte es ir deliberadamente al encuentro de las oportunidades, y si estas no existen, hay que generarlas en cualquier dirección, *haciendo, diciendo y pensando cosas diferentes de forma deliberada, para abrir nuevas puertas.* Generar oportunidades para potenciar tu energía emocional implica poner en práctica actividades distintas a las habituales para mejorar tus recursos emocionales. Haz de ello un hábito saludable en tu vida diaria.

2. Utiliza estrategias de renovación eficaces

Las investigaciones sugieren que el cansancio emocional tiene mucho que ver con el uso de estrategias inadecuadas o insuficientes. Hay dos tipos de estrategias a las que solemos recurrir cuando estamos incómodos: las de control y las de

7. Ito J., Brotheridge C., «Resources, coping strategies and emotional exhaustion: A conservation of resources perspective.» *Journal of Vocational Behavior*, Elsevier, Estados Unidos, 2003.

escape. Las estrategias de control se consideran más productivas, porque se enfrentan directamente a la situación (por ejemplo, pides ayuda, o te enfrentas al problema con soluciones concretas, sin dejarlo para mañana), así que tienden a ser más eficaces a la hora de reducir tu nivel de agotamiento emocional. Las estrategias de escape, en cambio, se consideran en general inadecuadas porque intentan ignorar el problema o bien proponen resignarse. Por ejemplo, una estrategia poco útil a medio y largo plazo es intentar distraernos con videojuegos, bebiendo o mirando la televisión cuando una emoción nos molesta. Vivimos en una sociedad occidental que propicia enormemente, frente a la falta de gestión y comprensión del mundo emocional, las estrategias de distracción. No es que esas estrategias de distracción siempre sean malas, pero hay que contar con muchos otros recursos para mejorar esa preocupación.[8] La renovación es una estrategia activa que tiene poco que ver con la distracción.

¡Un momento! ¿Hay diferencias en la forma en la que hombres y mujeres llegan a ese agotamiento emocional? ¿Me puedes dar alguna pista en este sentido?

La teoría de la socialización de género propone que entre los chicos y los hombres se estimule la asertividad y la independencia mientras se repelen los sentimientos

8. Otros recursos generales para mejorar el bienestar incluyen la meditación, escribir, hacer ejercicio y, por supuesto, buscar ayuda profesional si algo se te resiste.

de vulnerabilidad. Se les enseña a ser agresivos y a perseguir sus objetivos, así como a no demostrar sus debilidades. Esta socialización puede conllevar entre los hombres dificultades para resolver conflictos internos y su represión, lo que a su vez podría tener como consecuencia unas mayores posibilidades de despersonalización. Por ello, en este libro encontrarás sugerencias para luchar contra los sentimientos de cinismo y distancia que conllevan la despersonalización y que pueden manifestarse cuando se agotan, sin reponerse, nuestros recursos internos.

En el caso de las mujeres, en cambio, la socialización de género implica actitudes de ternura, confidencia, consideración y afecto, así como el rechazo a la conducta agresiva. Por consiguiente, así como entre los hombres la despersonalización puede llegar a ser un componente esencial que desencadene todo el proceso de *burnout*, para las mujeres el agotamiento emocional podría ser el factor detonante.

¿Cómo elijo la mejor estrategia para renovarme
y reponer fuerzas?

Lo primero es comprender tus emociones. Las emociones nos traen un mensaje sin palabras que podemos aprender a descifrar. Tal como escribí en *Una mochila para el Universo*, «las emociones son el resultado de cómo experimentamos, física y mentalmente, la interacción entre nuestro mundo interno y el mundo externo. Expresamos las emociones a través de comportamientos, expresiones de sentimiento y cambios fisiológicos... Cada gesto, cada mirada sobre lo que nos rodea y cada sentimiento que nos mueve está dictado por una emoción. Las emociones no son un lujo o algo prescindible, sino que nos recorren a cada segundo y guían nuestro comportamiento a través del dolor y del placer». Cuando aprendemos a asimilarlas de forma eficaz y constructiva, las emociones nos proporcionan enseñanzas importantes acerca de nosotros mismos y de nuestras necesidades. Por ejemplo, nos alertan del impacto que tienen las ideas, los proyectos y las relaciones que llenan nuestra vida, y nos ayudan a conectar con los demás y a conseguir nuestras metas.[9]

Las emociones pueden parecerte a veces confusas y amenazantes, pero si aprendes poco a poco a conocerlas y a gestionarlas se convertirán en unas grandes aliadas, que llegan con información a manos llenas.

¿Qué intentan decirme mis emociones?

Aplica un proceso sencillo y rápido que te ayude a descodificar tus emociones y comprender su mensaje. ¿Qué sientes? Las emociones se dividen en cuatro grandes categorías, y cada categoría lleva implícito un mensaje.

- La ansiedad dice: ¿de qué tienes miedo?
- La tristeza pregunta: ¿qué has perdido?
- La ira interroga: ¿cómo te han atacado, a ti o a tus valores?
- La alegría celebra: ¿qué has ganado?

9. Recuerda que las personas que gestionan bien sus emociones tienen sistemas inmunológicos más saludables, enferman menos y envejecen más despacio que los demás. Para aprender más acerca de cómo el estrés nos envejece, consulta el libro *Real Age* de Michael Roizen.

El primer paso es mirar a las emociones a los ojos y contestar sus preguntas. Y ahora...

Saca tu caja de herramientas emocional

Recuerda que las emociones te traen un mensaje, así que busca alternativas y herramientas de gestión, o adquiere nuevas habilidades que puedan ayudarte.

Piensa en el conjunto de estrategias con las que cuentas como en tu caja de herramientas emocional.[10]

Tómate los cambios con calma y método

Cambiar nos resulta difícil a todos, porque nuestro cerebro se ha acostumbrado a hacer las cosas de una determinada manera. La resistencia al cambio tiene por tanto un componente físico.

Además, cambiar suele crear resistencias porque no sabemos adónde nos lleva ese cambio, y tanto si se nos está imponiendo un cambio a un nuevo sistema informático, una nueva oficina o protocolos renovados en el trabajo, el resultado es que tenemos que hacer un esfuerzo para adaptarnos y además confiar en que ese esfuerzo merece la pena.

En general, sin embargo, los procesos de cambio son necesarios y no tienen por qué ser traumáticos, sobre todo si los iniciamos nosotros. Hay una estrategia sencilla para ello de origen japonés, llamada Kaizen. Una de las técnicas que se utilizan cuando aplicamos la filosofía

---

10. Darlene Mininni, Ph.D, MPH, autora de *The Emotional Toolkit*, sugiere que puedes incluso tener una caja de herramientas llena de objetos simbólicos, que te ayuden a decidir cuál es la mejor herramienta en cada caso.

Kaizen a nuestras vidas es hacernos pequeñas preguntas. En el entorno laboral, nos suelen plantear preguntas difíciles de contestar, como «¿Qué cambios vas a introducir para que la empresa tenga más beneficios este año?». Solemos responder a este tipo de preguntas con cierto miedo, porque lo difícil tiende a paralizarnos.

Para empezar tu propio Kaizen, siéntate y haz una lista de las áreas de tu vida que quisieras mejorar. Para cambiar poco a poco tu realidad, haz preguntas modestas y sugerentes, como por ejemplo: «¿Cómo puedo liberar diez minutos cada día para ir a dar un paseo?», «¿Qué cosa sencilla podría hacer hoy para mejorar mis relaciones con los demás?». Las preguntas pequeñas no dan miedo. Se trata de enfrentarnos a nuestras vidas de forma tranquila, cambiando nuestra realidad cada día sin temor ni traumas.

Kaizen nos recuerda que podemos conseguir muchas metas simplemente desmenuzándolas en pasos muy modestos, y que haciendo pequeños cambios diarios logramos grandes cambios a largo plazo. Es como aprendemos desde que nacemos: no empezamos a caminar de golpe, sino que primero nos ponemos en pie, luego gateamos y vamos dando pasitos hasta conseguir caminar. Aplica este método a los ejercicios que vas a descubrir a continuación.

¡Ponte manos a la obra!

Por fortuna, aunque tus emociones son vulnerables y tremendamente volátiles, también son dúctiles si aprendes a gestionarlas. Para ello cuentas con un gran aliado: tu cerebro, el órgano de tus emociones. Piensa en tu cerebro con la imagen que propone el neurocientífico Álvaro Pascual-Leone: imagina que es una montaña. Las rocas, la inclinación, la densidad de la nieve... Eso son tus genes, y te vienen dados. Pero ahora imagina que subes a lo alto de la montaña con un trineo y que te pasas una mañana lanzándote ladera abajo. Al final de la mañana, empezarás a bajar preferentemente por los mismos caminos, se te harán más fáciles, cada vez te deslizarás de forma más automática... Así es tu cerebro, con sus caminos y sus respuestas automáticas. Para deshacerlas, para dejar atrás un camino o un hábito mental adquirido, tendrás que abrir nuevas rutas de forma deliberada.

La paradoja de la plasticidad cerebral es que aprendemos y fijamos rápidamente tanto lo bueno como lo malo. Por ello, deshacer un hábito mental requiere un esfuerzo para que desaparezca el antiguo camino trillado y puedas abrir uno nuevo.

¿Y si no puedo hacer nada?

Si te preocupa algo pero de momento no puedes hacer nada, recuerda que las preocupaciones te hacen menos eficaz. Para que las preocupaciones no invadan tu día a día, elige una hora fija en la que solamente te centres en esa preocupación, y a continuación busca y practica una nueva estrategia que tengas dentro de tu caja de herramientas emocional para mejorar esa preocupación.

Recuerda: tienes dentro de ti un enorme potencial para la recuperación de tus fuerzas físicas, psíquicas y emocionales, aunque probablemente no conozcas muchos de tus propios recursos ni hayas hecho una puesta a punto de tu energía vital.

Ahora, comprueba y pon a punto tu energía vital

Para descubrir qué aspectos de tu energía vital están sanos y fuertes, y cuáles en cambio necesitan una ayuda y un cambio de estrategia, encontrarás aquí una escalera que explora tu energía vital, tanto la física como la mental y emocional. Con esta escalera podrás hacer tu puesta a punto de energía vital, ya que es muy eficaz despistando y reparando los primeros síntomas del *burnout*.[11] Simplemente, apunta qué afirmaciones sientes que te describen mejor en estos momentos, y busca en la columna de entrenamiento estrategias eficaces para gestionar estos síntomas y mejorar tu energía vital.

¡Empezamos!

11. Esta escalera está basada en el ámbito de agotamiento emocional y físico del modelo de *burnout* de Maslach. Esta herramienta utiliza un enfoque informal para aconsejar a quien padece un *burnout*. Aun siendo útil de forma intuitiva, no se ha validado mediante pruebas específicas controladas y, por consiguiente, no puede utilizarse como técnica diagnóstica. Así pues, deberíamos interpretar los resultados con sentido común. Además, hay que hacer concesiones ante cualquier acontecimiento reciente que pueda tener una influencia desproporcionada sobre el humor del sujeto en el momento de pasar la prueba. Si se prefieren las pruebas validadas con rigor respecto a los niveles de desgaste emocional en el trabajo, entonces el Maslach Burnout Inventory puede resultar útil. Las copias pueden adquirirse en el sitio web http://www.cpp.com/en/detailprod.aspx?pc=35.

Escalera de energía vital: tu energía emocional y física

¿Cómo te sientes? ¿Cuánta energía tienes? ¿Cuál es tu nivel de desgaste? Con esta escalera podrás revisar la calidad y la cantidad de energía de la que dispones para hacer frente a los retos de la vida. Nos centraremos a la vez en tu energía física y mental, porque están relacionadas y se apoyan la una en la otra. Por ello, los objetivos de tu plan de entrenamiento proponen formas de revitalizarte en cuerpo y mente según lo que más necesites: dormir un sueño reparador; aumentar tu energía física; adquirir mayor capacidad de concentración; gestionar la tristeza; entrenarte en positivo; ser asertivo; y comprender y gestionar la ira. Existen tres peldaños en tu escalera de energía vital, que sugieren de menor a mayor desgaste emocional. Si te identificas con las afirmaciones de los escalones dos y tres, estás ante áreas vulnerables que necesitan refuerzo. Visita la sección de entrenamiento correspondiente para poder entrenarte en positivo. Las siete secciones que componen el plan de entrenamiento (entre las páginas 168 y 237) y el test del estrés[12] (entre las páginas 165 y 168) incluyen consideraciones generales que te resultarán útiles, y varios ejercicios que puedes elegir a tu conveniencia para tu entrenamiento.

Peldaño 1: «Estoy bien». Si te identificas con todas las afirmaciones de este primer peldaño, ¡enhorabuena! Sigue entrenando y manteniendo tu salud física y emocional en positivo. Si tienes algún ámbito más vulnerable, pasa al escalón 2 y recurre a la sección de entrenamiento sugerida allí.

☐ Suelo dormir bien y me despierto descansado.

☐ Cuando una tarea me gusta, ¡el tiempo me pasa volando!

☐ Por las mañanas, despierto con fuerzas para afrontar el día.

☐ Hago ejercicio de forma regular y siento que tengo energía.

☐ Cuando estoy cansado o irritado, sé cómo recuperarme y lo hago.

☐ Cuando me siento triste, sé qué tengo que hacer para sentirme mejor.

☐ A veces me enfado, pero logro controlarlo.

☐ ¡No suelo perder el sentido del humor!

12. El test del estrés está indicado como T.e. en la columna que hace referencia al entrenamiento.
13. Las personas sometidas al estrés tienen sistemas inmunológicos debilitados, y, por tanto, suelen ser más vulnerables a las infecciones y virus del entorno.
14. Este es otro síntoma inequívoco de que necesitamos ayuda profesional urgente.

Peldaño 3: «Sufro agotamiento emocional». No lo dudes, si reconoces alguno de estos síntomas, ¡pide ayuda profesional urgentemente! Podrás aliviar y gestionar estos síntomas.

Entrenamiento en secciones

☐ Me siento a menudo agotado.   I y II

☐ No tengo fuerzas, así que intento hacer lo menos posible.   I y II

☐ Me cuesta levantarme por las mañanas, y a veces digo que estoy enfermo para no ir a trabajar.   II y T.e.

☐ Aunque esté agotado, hay noches en las que no logro pegar ojo   II

☐ Me despierto varias veces en medio de la noche y siento ansiedad.   I, IV, V y T.e.

☐ Pienso en lo que me espera a lo largo del día y me asusto.   II, V y T.e.

☐ Tengo que pedir a la gente que me repita las cosas porque se me olvidan o no las entiendo fácilmente.   III

☐ Me retraso a la hora de cumplir mis metas diarias y se me acumulan las obligaciones.   III

☐ Siento que no le importo a nadie.   IV y V

☐ Tengo muchos más días malos que buenos.   IV, V y T.e.

☐ Me siento culpable y pienso que valgo poco.   IV y V

☐ Me dan enfados repentinos que no logro controlar.   VI y VII

☐ Me asaltan pensamientos en los que quisiera agredir, o agredo, a personas que me rodean.[14]   VI y VII

Peldaño 2: Síntomas medios. Busca en las secciones de entrenamiento indicadas las estrategias que te ayudarán a combatir estos síntomas.

Entrenamiento en secciones

☐ Me siento a menudo cansado.   I y II

☐ Aunque duerma 8 horas, me despierto cansado.   II

☐ Aunque esté cansado, me cuesta dormirme.   I y II

☐ Noto que necesito más tiempo que antes para vestirme y prepararme cada mañana.   II y III

☐ Algunas veces duermo mal por las noches.   I, II y T.e.

☐ Me siento extraño, pero no estoy seguro de lo que me está pasando.   V y T.e.

☐ Cuando duermo, tengo un sueño agitado que no me permite descansar de verdad.   II y T.e.

☐ Me cuesta concentrarme y tardo más de lo habitual en hacer las cosas.   III

☐ Estoy más olvidadizo de lo normal en mí.   III y V

☐ Soy más sensible que antes a los resfriados e infecciones y tardo más en recuperarme.[13]   I, II y T.e.

☐ Me siento menos alegre que antes.   IV y V

☐ Me cuesta decir lo que pienso y siento que a los demás no les importo.   IV, V y T.e.

☐ Estoy más irritable de lo habitual con la gente.   VI y VII

PLAN DE ENTRENAMIENTO PARA TRABAJAR LA ENERGÍA VITAL

Dos sugerencias previas para comprender mejor lo que te estresa

- **Un fin de semana para descansar**[15]
  ¿Estás peligrosamente cerca del cansancio emocional? Para comprobarlo, sería útil que te regalaras dos días seguidos relajantes lejos de cualquier fuente habitual de estrés: no debes trabajar ni puedes atender llamadas o correos relacionados con el trabajo. Si tu familia es una fuente de estrés, intenta alejarte de ellos también durante esos dos días. Básicamente, se trata de apartar el mayor número posible de fuentes de estrés y disfrutar del mayor número posible de elementos reductores del estrés durante dos días. Tal vez puedas encontrar personas que te ayuden a conseguir unas horas de libertad para ese fin de semana.
  Durante esos dos días, intenta dormir y comer bien. Llena tu tiempo de actividades de las que casi nunca puedes disfrutar. Si te gusta leer, lee. Si te gusta escribir, escribe. Si no te gusta hacer nada, no hagas nada. Sencillamente, evita cualquier estrés durante ese tiempo. Si el lunes por la mañana te despiertas cansado y temiendo afrontar el día, probablemente estás sufriendo *burnout*.
  Si decides tomarte unas vacaciones y haces esta prueba durante dos semanas pero sigues sintiéndote igual, sin duda sufres síntomas de *burnout* y vas a necesitar tiem-

---

15. Este es un ejercicio adaptado del libro *High octane women: how superachievers can avoid burnout* (Prometheus 2011), de la doctora Sherrie Bourg Carter, en el que aconseja este test de choque para saber si sufres de cansancio emocional y físico.

po y fuerzas para hacer cambios en tu forma de vida que te permitan recuperar tu energía vital.

Para ello, céntrate en los remedios específicos para aquellos síntomas más agudos que has detectado en nuestra escalera de energía vital. Mira qué sugerimos en la columna de entrenamiento y haz los ejercicios con constancia, como si hubieses adoptado un régimen alimenticio o físico, ¡y disfruta a medida que tu energía vital se renueva y contagia todos los ámbitos de tu vida!

• ¿Cuánto estrés padezco?[16]

Aquí podrás revisar los cuarenta y dos eventos más estresantes a los que las personas solemos enfrentarnos y asignarles un valor numérico en tu propia vida. Apunta en la columna correspondiente el número de veces que este evento te ha ocurrido en el último año, y multiplícalo por el valor que tiene asignado en la columna de «valor medio». Eso te dará una idea del desgaste potencial que este hecho ha supuesto en tu vida, y por tanto de la necesidad de contrarrestar este desgaste.

Aunque lógicamente la forma de enfrentarse al estrés varía en función de cada persona, si tu puntuación supera los 200 puntos indica que probablemente estás sometido

16. Esta es una herramienta diagnóstica que te ayudará a ser más consciente de tus fuentes de estrés y de su intensidad. El SRE —*Schedule of Recent Experience*, u horario de la experiencia reciente— fue desarrollado por el doctor Thomas Holmes y su equipo de investigadores en una serie de estudios que comparaban los resultados médicos de los pacientes con los acontecimientos vitales que habían experimentado en los últimos tiempos. En el estudio del doctor Holmes, las personas con una puntuación inferior a 150 tenían pocas probabilidades (30 por ciento) de enfermar en un futuro próximo, mientras que los que obtenían una puntuación superior a 300 tenían muchas probabilidades de enfermar (80 por ciento). Muchos estudios posteriores de otros investigadores han confirmado el enfoque del SRE.

	N.º de veces	Valor medio	Puntuación
Muchos más o muchos menos problemas con el jefe		23	
Cambios importantes en los hábitos del sueño (dormir mucho más o mucho menos o un cambio del momento del día en el que se duerme)		16	
Cambios importantes en los hábitos alimenticios (comer mucho más o mucho menos o en otros horarios o entornos)		15	
Una revisión de los hábitos personales (ropa, modales, asociaciones, etc.)		24	
Un cambio importante en la clase o cantidad habitual de recreo		19	
Un cambio importante en las actividades sociales (p. ej. clubs, baile, cine, visitas turísticas, etc.)		18	
Un cambio importante en las actividades religiosas (asistir mucho más o mucho menos que de costumbre)		19	
Un cambio importante en el número de reuniones familiares (muchas más o muchas menos que de costumbre)		15	
Un cambio importante de tu estado económico (mucho peor o mucho mejor)		38	
Problemas con la ley		29	
Un cambio importante en el número de discusiones con la pareja (muchas más o muchas menos respecto a la educación de los niños, los hábitos personales, etc.)		35	
Dificultades sexuales		39	
Lesiones o enfermedades personales importantes		53	
El fallecimiento de un miembro de la familia cercano (que no sea el cónyuge)		63	
El fallecimiento de la pareja		100	
El fallecimiento de un amigo íntimo		37	
La llegada de un nuevo miembro de la familia (mediante nacimiento, adopción, un anciano que se muda a casa, etc.)		39	
Un cambio importante en la salud o la conducta de una familia		44	
Un cambio de residencia		20	
Detención en prisión u otra institución		63	

	N.º de veces	Valor medio	Puntua-ción
Violaciones menores de la ley (multas de tráfico, conducta impru-dente al cruzar la calle, desorden público, etc.)		11	
Reajustes sustanciales del negocio (fusión, reorganización, ban-carrota, etc.)		39	
Matrimonio		50	
Divorcio		73	
Separación conyugal de la pareja		65	
Logro personal considerable		28	
Emancipación de un hijo o hija (matrimonio, universidad, etc.)		29	
Jubilación		45	
Cambio sustancial en el horario laboral o en las condiciones de tra-bajo		20	
Cambio sustancial en las responsabilidades laborales (ascenso, degradación o transferencia lateral)		29	
Despido		47	
Cambio sustancial en las condiciones de vida (cambio o remode-lación del lugar de residencia, deterioro del lugar de residencia o del barrio en el que se encuentra)		25	
La pareja empieza a trabajar fuera de casa o deja de hacerlo		26	
Liquidación de una hipoteca o crédito para una adquisición importante (un hogar, un negocio, etc.)		31	
Liquidación de un crédito por una compra menor (un coche, un televisor, un frigorífico, etc.)		17	
Ejecución de una hipoteca o de un crédito		30	
Vacaciones		13	
Cambio de centro escolar		20	
Cambio de tipo de trabajo		36	
Inicio o fin de la escolarización		26	
Reconciliación conyugal		45	
Embarazo		40	
		Puntuación	

a altos niveles de estrés. Más de 300 puntos sugieren el peligro de *burnout*, o agotamiento emocional, y ello apunta a que necesitas atención urgente.

Para aplicar esta herramienta deberías apreciar los niveles de estrés en los que eres más feliz. Y también deberías saber el tipo de situaciones que te provocan estrés, para que puedas prepararte para ellas y aprender a gestionarlas.

Además, sería interesante saber cómo reaccionas al estrés y los síntomas que muestras cuando lo sufres. Cuando experimentes estos síntomas en el futuro, aprende a utilizar técnicas de gestión del estrés que te resulten adecuadas como las que te sugerimos a continuación en estas siete secciones.

I. Dormir un sueño reparador

Tu sueño te habla: la dificultad para dormir suele ser uno de los primeros síntomas de que estamos perdiendo el equilibrio físico y emocional. Puedes entrenarte para dormir bien, igual que te entrenarías para correr una maratón o dar un paseo en bicicleta. Pasamos un tercio de nuestras vidas durmiendo, y no es un tiempo perdido, es un tiempo imprescindible. Aunque seas relativamente joven y estés sano, conocemos los peligrosos efectos de la falta de sueño en la salud: desconocemos los mecanismos exactos, pero la falta de sueño nos hace más vulnerables a los procesos inflamatorios, eleva la presión arterial y ritmo cardíaco,[17] y afecta a los niveles de glucosa.

17. Todo ello contribuye a elevar la tasa de accidentes cardiovasculares: aquellas personas que duermen menos de seis horas cada noche tienen un riesgo cuatro veces y medio mayor de tener un infarto que las que duermen entre siete y ocho horas.

Cada día descubrimos más razones por las cuales dormir bien se demuestra fundamental para la renovación física y emocional de las personas: conocíamos la importancia del sueño para contribuir a la plasticidad cerebral o consolidar el aprendizaje, pero las últimas investigaciones sugieren que el papel del sueño es fundamental también para frenar el deterioro físico y cognitivo del cerebro.[18]

Dormir mal es un síntoma claro y básico de que tus recursos para la renovación están fallando. Sin embargo, el 65 por ciento de las personas tendrán problemas para dormir esta noche y arrastrarán las consecuencias al día siguiente.

- La mayoría de nosotros no duerme las ocho horas que los investigadores han demostrado que necesitamos para estar al máximo de nuestra capacidades.
- Después de entre diecisiete y diecinueve horas sin dormir, la actividad de nuestro cerebro es parecida a la de alguien con un nivel de alcohol en la sangre de 0,05, el límite legal para conducir tras haber consumido alcohol en España.

18. Cuando duermes, tu cerebro sufre un proceso de limpieza que elimina los residuos vinculados al Alzheimer y a la demencia, según un nuevo estudio de un equipo de investigadores del Centro Médico de la Universidad de Rochester (URMC). Nedergaard y sus colegas descubrieron que el líquido cerebroespinal fluye a través de los espacios que dejan las neuronas, de manera que se lleva las proteínas y otros residuos neuronales que el sistema circulatorio se encargará de expulsar. Los investigadores descubrieron que las células del cerebro se contraen de forma palpable durante el sueño, con lo que se expanden las áreas entre las células del cerebro hasta un 60 por ciento. Siendo las células del cerebro más pequeñas y el espacio entre ellas mayor, hay más sitio para que el líquido cerebroespinal fluya libremente. Esto ofrecería una explicación convincente de por qué es tan esencial la función reparadora del sueño.

- El déficit de sueño, como el déficit de una tarjeta de crédito, es acumulativo. No puede corregirse el problema acumulando sueño durante el fin de semana.

Estrategias para mejorar tu calidad de sueño[19]

Recuerda que cambiar un hábito físico y mental no puede hacerse simplemente leyendo: es necesario reeducar el cerebro sistemáticamente con algunas de las estrategias que encontrarás a continuación. Elige algunas de las que te parezcan más útiles o atractivas de este apartado. A medida que vayas mejorando tu sueño, introduce otras estrategias. ¡Poco a poco, dormir bien se convertirá en un hábito que te dará muy poco trabajo y te reportará grandes beneficios!

1. **Acuéstate a la misma hora cada noche y despiértate a la misma hora cada mañana.**
   Eso incluye los fines de semana. Ajustándote a un horario fijo te sentirás mucho más alerta que si durmieras el mismo número de horas en horas variables a lo largo de la semana.

2. **Duerme en un bloque continuo.**
   El llamado «sueño fragmentado» provoca somnolencia diurna, afecta al aprendizaje, a la memoria, a la

---

19. Este ejercicio ha sido extraído de los estudios de James Maas. Psicólogo social estadounidense, es profesor de la Cornell University y conocido sobre todo por su obra en el campo de la investigación del sueño y más concretamente de la relación entre sueño y rendimiento. Fue él quien acuñó el término «siesta energética» (power nap) y escribió el libro *Power Sleep for Success! Everything You Must Know About Sleep But Are Too Tired to Ask*, un libro que obtuvo grandes ventas y que escribió junto con Rebecca Robbins.

productividad y a la creatividad. De hecho, seis horas de sueño continuo a menudo son más reparadoras que ocho horas de sueño fragmentado.

3. Compensa la falta de sueño tan pronto como sea posible.
Es mejor ponerse al día cuanto antes que posponer el sueño. Si lo pospones más, te costará más dormir la noche siguiente a la hora acostumbrada.

También puedes pagar tus deudas con el sueño echando la siesta, aunque no es conveniente que esta sea demasiado prolongada o que tenga lugar demasiado tarde, puesto que eso alteraría el ciclo de sueño. Y no intentes compensar durante el sábado y el domingo una gran falta de sueño acumulada a lo largo de la semana. «Eso es como intentar ponerse en forma o perder peso haciendo todo el ejercicio y la dieta necesarios solamente en fin de semana. Para estar bien despierto y lleno de energía durante todo el día, probablemente tendrás que añadir una hora a tus horas de sueño habituales», afirma Maas.

4. Evita la cafeína después de las dos de la tarde.
La cafeína tiene una vida media de seis horas, lo que significa que seis horas después de tomar el último sorbo la mitad de la cafeína sigue actuando en el cuerpo. Ese líquido estimulante puede conllevar un círculo vicioso: después de haber dormido mal una noche, la única solución es tomar más cafeína para aguantar hasta el día siguiente. Luego, cuando llega la hora de acostarse, el corazón te latirá a toda velocidad, no podrás conciliar el sueño, por la mañana te levantarás agotado y necesitarás todavía más cafeína.

5. **Evita el consumo de alcohol tres horas antes de acostarte.**

El alcohol puede que te ayude a conciliar el sueño, pero también hará que te despiertes cada noventa minutos, por lo que pasarás una noche agitada e inquieta.

6. **Haz ejercicio como máximo entre las cinco y las siete de la tarde.**

Evita el ejercicio vigoroso durante las tres horas previas a la hora de acostarte; el ejercicio eleva la temperatura corporal durante cinco o seis horas. Para atraer la somnolencia, la temperatura corporal debe descender.

7. **El dormitorio debe ser un lugar fresco.**

La temperatura ideal para dormir es de dieciocho grados. Un dormitorio demasiado cálido puede inducir a las pesadillas. Si hace demasiado frío, tu cuerpo no podrá relajarse por completo porque estará intentando proteger la temperatura corporal.

8. **Baja la intensidad de la luz.**

La luz brillante desvela, por lo que deberías evitarla antes de ir a dormir y si te despiertas durante la noche.

9. **Evita la electrónica.**

Esto significa nada de ordenadores, televisores, iPads, iPods o Blackberries en el dormitorio. Crean distracciones que te recordarán todo lo que deberías estar haciendo y actúan como estresantes secretos.

10. **Lee por placer (nada relacionado con el trabajo).**

Leer durante media hora reduce a la mitad el tiempo que se tarda en conciliar el sueño.

11. Baja las revoluciones.

Tu cuerpo necesita algo que separe el estrés diario del descanso nocturno. Un tentempié ligero, un baño caliente o algo de ejercicio ligero (por ejemplo, posturas de yoga) pueden ayudarte a eliminar el estrés del día. Si te pasas la noche dando vueltas o te despiertas y no puedes volver a conciliar el sueño, levántate de la cama. Haz algo relajante, moderadamente aburrido o que no requiera concentración. Normalmente tu cuerpo tardará entre quince y veinte minutos en sentir de nuevo la somnolencia y en ese punto podrás volver a la cama.

12. Escribe lo que te preocupa.

Resuelve tus preocupaciones o gestiona una gran carga de trabajo elaborando una lista de las cosas que debes abordar al día siguiente. Si tiendes a tumbarte en la cama pensando en lo que debes hacer por la mañana, reserva algo de tiempo antes de acostarte para revisar el día y planificar el siguiente. El objetivo es evitar hacer esas cosas cuando estés en la cama, intentando dormir.

Visualiza cómo duermes[20]

Está en tus manos: dormir tiene mucho que ver con calmar deliberadamente la mente, o lo que es lo mismo, con lograr apartarse del torbellino de pensamientos y preocupaciones acumulados. La visualización es una técnica que ayuda a centrar la atención en una serie de imágenes que tú mismo controlas.

Pese a tratarse de algo muy simple, el método conoci-

---

20. Aquí tienes un precioso ejemplo que encontré en un libro titulado *The Power of Concentration* de Theron Q. Dumont, publicado en 1918.

do como del vaso de agua resulta muy efectivo para inducir el sueño. Deja un vaso lleno de agua en la mesita de noche. Siéntate al lado y mira el vaso mientras piensas en lo quieta que está el agua. A continuación imagínate entrando en ese mismo estado de calma. En poco tiempo sentirás cómo tus nervios se relajan y podrás dormirte. En ocasiones resulta útil imaginarse soñoliento para atraer el sueño, del mismo modo que el insomnio más persistente se puede superar pensando en uno mismo como un objeto inanimado, como por ejemplo un tronco vacío en lo más profundo de un bosque en silencio.

Los que sufren insomnio comprobarán que estos ejercicios calman los nervios de forma muy efectiva. Simplemente hay que mantener en la mente la idea de que no es difícil ponerse a dormir y eliminar cualquier temor al insomnio. Practica estos ejercicios y conseguirás dormir.

II. Aumentar la energía física

¿Por qué es importante hacer ejercicio? Hacer ejercicio genera beneficios considerables: reduce el riesgo de sufrir enfermedades, retrasa el envejecimiento, controla el peso, mejora la resistencia al esfuerzo porque entrena el cuerpo para ser más eficaz en el uso de energía. Al contrario que las plantas o los árboles, estás programado para moverte, para recorrer el mundo; tu cuerpo pide hacer ejercicio a gritos. Si lo ignoras se debilitará, porque perdemos aquello que no utilizamos. Mover el cuerpo y dormir adecuadamente son dos piedras de toque de la salud mental y física, y de hecho están íntimamente relacionadas.[21]

21. Fue en la década de los noventa cuando los científicos del Salk Institute for Biological Studies descubrieron por primera vez

Pistas para hacer ejercicio

En general, aquello que es positivo para tu corazón también lo es para tu cerebro. Si quieres mejorar tu rendimiento mental, empieza por ejercitar tu cuerpo. Hay evidencias de que el ejercicio físico, sobre todo el denominado «cardio», mejora la densidad y las funciones de la corteza frontal. Ejercitarse por la mañana antes de acudir al trabajo eleva al máximo la actividad cerebral y nos prepara para el estrés mental del resto del día.

Cuando intentes aumentar el nivel de actividad física, trata de elegir una actividad que incorpore la coordinación junto con el ejercicio cardiovascular, como podrían ser clases de baile o entrenamiento aeróbico y de resistencia. Sin embargo, si eso te parece demasiado duro, simplemente limítate al tipo de ejercicio que te resulte más agradable (¡y te haga sentirte activo!).

¿Cuánto ejercicio necesitamos? No demasiado, lo importante es más bien que sea regular. Si en la actualidad no haces ejercicio, cualquier aumento de actividad física te sentará bien. Empieza a un ritmo menor del que podrías e incrementa de forma gradual la duración e intensidad de tus entrenamientos. Dos o tres días a la semana son un objetivo realista, seguro y efectivo. No es necesario concentrar toda la actividad física del día en una sola sesión. Puedes acumular actividad física en ráfagas de diez minutos y repartirlas a lo largo del día. El

---

que el ejercicio muscula el cerebro. Con unos experimentos revolucionarios, demostraron que los ratones que tenían acceso a una rueda para correr fabricaban muchas más células en un área del cerebro que controla la creación de la memoria que los ratones que no podían correr en la rueda. Los animales que hacían ejercicio obtenían mejores resultados en las pruebas de memoria que sus compañeros de laboratorio sedentarios. Y lo mismo ocurre con los humanos.

verdadero reto para conseguir mantener una rutina de ejercicio físico es más bien elegir algo que le vaya bien a nuestra personalidad.

¡Descubre tu personalidad deportiva![22]

¿Eres un espíritu libre? ¿Un individualista? ¿Un aventurero? ¿O un disciplinado? ¿Te reconoces en alguna de estas personalidades deportivas? Encuentra aquí las claves para elegir tu deporte o ejercicio de acuerdo con tu personalidad deportiva.

EL ESPÍRITU LIBRE

«Me gusta divertirme... Cualquier ejercicio que me aburra es una pérdida de tiempo.»

Ventajas: Como hay tantas cosas que te interesan, tienes un amplio abanico a tu alcance. ¡No dejes de divertirte y probar actividades nuevas!

Tu talón de Aquiles: La inconstancia. Puede que te resulte difícil mantener una programación de ejercicio determinada. La disciplina le puede costar un poco más a un espíritu libre, así que formar parte de una clase te dará la ventaja de tener un horario fijo semanal. Haz una lista con tus demás formas de hacer ejercicio en la agenda: sé un espíritu libre, pero con calendario.

Los mejores ejercicios para tu personalidad:

- **Apúntate a un club atlético o de senderismo:** Te gustará la parte social, y el apoyo de los demás miembros del club te ayudará a ser más constante.

22. Esta herramienta diagnóstica está extraída de un artículo de Paige Waehner, entrenadora personal titulada y autora de *The About. com, Guide to Getting in Shape,* coautora de *The Buzz on Exercise & Fitness* y autora del libro electrónico *Guide to Become a Personal Trainer.*

- **Toma clases de baile o de gimnasia:** El gimnasio quizá te parezca un poco rígido, pero elegir entre una variedad de clases te puede motivar.
- **Actividades en alguna asociación comunitaria o centro cívico:** Apúntate a cualquiera de las diversas actividades ofertadas, según la estación y las posibilidades. Las novedades mantendrán tu interés.
- **Practica juegos o deportes de equipo:** Necesitas sentirte parte de un proyecto, así que evita el ejercicio que no lleva a ninguna parte y elige actividades a las que puedas encontrar sentido, como juegos de videoconsola activos, baloncesto, frontón, tenis o cualquier otra con la que pongas a prueba tu cuerpo y tu mente con un objetivo concreto.

EL INDIVIDUALISTA

«Soy capaz de motivarme y disciplinarme para hacer ejercicio yo solo.»

Ventajas: Eres ese tipo de personas que son constantes con el ejercicio y no tienen problemas para cumplir una programación regular. Disfrutas de actividades que puedes controlar tú mismo y monitorizar tus progresos.

Tu talón de Aquiles: La rigidez. Te gustan las rutinas y los hábitos, pero puede que se vuelvan tediosos si no cambias de vez en cuando. Proponte realizar cambios en tu entrenamiento para mantener fresca la motivación. Temes las novedades. Puede que tengas tendencia al perfeccionismo y eso tal vez evite que pruebes actividades nuevas, ya que es difícil que salgan perfectas a la primera.

Los mejores ejercicios para tu personalidad:
- **Caminar, correr o montar en bici:** Puesto que no hay que seguir a ningún instructor, no hay reglas, te creas tú mismo tus propios entrenamientos y te mueves a tu

ritmo. Estas actividades también ofrecen oportunidades para mejorar e ir más rápido, buscar cuestas más empinadas y aumentar la distancia recorrida.

- **Entrenar para una carrera:** este podría ser un buen objetivo si eres una persona competitiva.
- **Entrenamiento de fuerza:** puede que el acto de crear tu propio programa de entrenamiento te motive tanto como llevarlo a cabo y hacer un seguimiento de tus progresos.
- **Artes marciales:** aunque son algo más que una actividad en equipo, las artes marciales ofrecen muchos aspectos de entrenamiento que encajan con tu personalidad. Perseguir un objetivo interactuando con un grupo puede ser positivo para ti y puede ayudarte a aprender cómo confiar en los demás y prestarles tu apoyo.

EL AVENTURERO
«Me encanta probar cosas nuevas.»

Ventajas: Estás abierto a nuevas ideas. Nunca dejas de intentarlo. Como quieres encontrar algo que te guste, eres perseverante, aunque necesitarás plantearte objetivos claros.

Tu talón de Aquiles: La insatisfacción. Puede que tu afición a probar lo último te haga abandonar con cierta facilidad, y que no llegues a encontrar algo que te encaje bien. En vez de buscar la actividad ideal, date permiso para disfrutar de una gran variedad de ejercicios.

Los mejores ejercicios y actividades para tu personalidad:
- **Apúntate a un gimnasio:** La mayoría de clubs deportivos ofrecen una gran variedad de actividades, por lo que tendrás muchas oportunidades de probar cosas nuevas: clases de gimnasia, máquinas, actividades deportivas o hidrogimnasia.

- **Entrena con un/a amigo/a:** Su apoyo podría ser justo lo que necesitas para ser más constante con tus entrenamientos.

- **Busca una actividad e intenta dominarla:** Si tiendes a pasar de una cosa a la otra sin centrarte en nada, decídete por una actividad hasta que la domines.

- **Prueba vídeos de ejercicios:** Son otra buena opción para quien esté buscando el ejercicio más adecuado.

EL DISCIPLINADO

«Me tomo mi rutina de ejercicio en serio.»

Ventajas: Te costará menos ser disciplinado y metódico. Si haces ejercicio, puede que lleves mucho tiempo siguiendo la misma programación.

Tu talón de Aquiles: La falta de imaginación. Puede que te condicione en exceso el horario de entrenamientos, hasta el punto de que casi nunca pruebes nuevas actividades por miedo a los resultados negativos o a que el intento termine en abandono. ¡Sal de tu zona de confort y pon a prueba tus límites! Cuando haces lo mismo una y otra vez te arriesgas a quemarte, a aburrirte, a sobreentrenarte o a sufrir lesiones y abandonar.

Los mejores ejercicios para tu personalidad:

- **Entrenar con un/a amigo/a:** Intenta encontrarte con un/a amigo/a o familiar una vez por semana para entrenar juntos, seguramente lo pasarás bien.

- **Prueba una clase de gimnasia:** Puede que te dé vergüenza participar en una clase, pero te sorprenderá la energía que sentirás haciendo ejercicio con un grupo de gente.

- **Prueba una programación nueva:** Si llevas un tiempo entrenando solo, probar un programa de ejercicios nuevo podría resultar perfecto para ti.

Haz gimnasia sin ir al gimnasio

Ejercitarse no tiene por qué costar mucho dinero, puede incluso no costarte nada. No necesitas un equipo sofisticado, una afiliación a un club ni un tipo de comida especial. Solo necesitas salir y mover los músculos.

Si solo dispones de veinte minutos libres a primera hora de la mañana, fijarte un objetivo para correr durante media hora cada noche no es un planteamiento realista. Los objetivos realistas te sitúan en el camino del éxito y constituyen una parte importante de cualquier iniciativa que desees emprender. En general, deberías intentar disponer de veinte minutos entre tres y cinco días por semana, pero si tienes más tiempo, aprovéchalo.

Toma lápiz y papel y apunta:

- **Resérvate una pequeña porción de tiempo de forma regular** (3-5 veces por semana).
- **Elabora una lista de actividades que ya disfrutes haciendo.** Muchas actividades contribuyen de un modo discreto a la cantidad total de ejercicio que realizas a diario.

- **Escribe de tres a cinco actividades que no estás haciendo con regularidad pero que te parecen más divertidas, o una actividad más productiva que trabajar.** Cualquier excusa que te mantenga en movimiento durante al menos veinte minutos servirá. Algunos ejemplos: ir de compras, cuidar el jardín, lavar el coche, pasear al perro, dar un paseo con tu pareja después de cenar, realizar tareas domésticas, ayudar a un vecino...

• **Revisa las listas de actividades que hayas hecho y elige dos semanas de actividades que añadan al menos tres bloques de veinte minutos.** Si sabes que este fin de semana pasarás unas horas visitando un rastro o si ya tienes previsto salir a pasear con un/a amigo/a ya está bien, puedes añadirlo a la lista.
• **Durante las dos semanas siguientes, haz un seguimiento del tiempo que dedicas a las actividades elegidas.** Puede que te sorprendan los resultados.
• **Al término de las dos semanas, planifica otro bloque de actividades para dos semanas más.** Intenta incorporar al menos una actividad nueva que te gustaría probar.
• **Continúa con este proceso hasta que hayas conseguido un buen equilibrio con las actividades que te gustan.**[23] Llegados a este punto, ya estarás haciendo una buena cantidad de ejercicio, el proceso será bastante automático y se integrará bien en tu rutina. Ahora la idea más importante es que las actividades y ejercicios sigan pareciéndote interesantes y varia-

23. Hacer ejercicio no significa necesariamente realizar un esfuerzo duro y extenuante durante una hora cada día de la semana. Los estudios han demostrado que el ejercicio es un concepto acumulativo, por lo que ese tramo de escaleras o ese trayecto a pie de tres manzanas hasta una tienda marcan la diferencia.

dos. Sigue intentando cosas nuevas y deja las actividades que te aburren o que no disfrutas lo suficiente.

III. Mejorar la atención y la concentración

¿Tu mente piensa por sí misma? ¿Le dices lo que tiene que hacer y te ignora? Si te interrumpen, ¿te resulta difícil recuperar el ritmo mental anterior? ¿Tienes dificultades para prestar atención cuando algo te aburre, no te interesa o cuando estás cansado? ¿A menudo olvidas nombres, dónde dejaste las llaves o dónde aparcaste el coche? ¿Te resulta difícil conseguir un momento de calma para pensar en tus problemas? Si contestas muchas veces que sí, tienes muchas oportunidades de poder mejorar tu atención.

El antídoto para la fatiga mental es el mismo que para la fatiga física: tomarse un descanso y sumergirse en una actividad completamente diferente, como pasear, disfrutar de la naturaleza o charlar con algún amigo. Daniel Goleman discute en su último libro la sobrecarga de estímulos que tenemos en nuestra vida actual y la necesidad urgente de obtener recursos para recuperar la capacidad de concentrarnos. «La atención es algo sometido a un continuo asedio, en gran parte debido a la tecnología, como el correo electrónico, los mensajes de texto, los teléfonos inteligentes y cosas por el estilo. Todo ello son invitaciones para que el mundo exterior se infiltre en lo que había sido nuestra vida privada, esos momentos en los que podíamos concentrarnos en lo que necesitábamos hacer. Si bien todas esas tecnologías suponen tremendas ventajas, también es cierto que debemos aprender a perseguir de forma deliberada la capacidad de concentración. Por ejemplo, buscando un momento del día en que podamos concentrarnos sin tantas distracciones podemos reforzar nuestra concentración, ya que al fin y al cabo es como un músculo mental. Existen ejercicios para los mecanismos cerebrales que actúan sobre la concentración y que pueden ayudarnos a centrarnos mejor en lo que nos propongamos en cada momento.» Asegura también Daniel Goleman[24] que «la práctica de la atención y de la focalización es como un músculo. Si no lo utilizamos se debilita; si lo ejercitamos, se desarrolla y fortalece. Las personas que logran un máximo rendimiento —ya sea en la educación, los negocios, el deporte o las artes— utilizan intuitivamente formas de focalización y de atención plena. El quid no está en practicar la concentración durante muchas horas, sino en la forma en que prestamos atención a lo que hacemos, y si somos capaces de sacar partido a lo que nos llega de fuera para autocorregirnos». Sus tres recomendaciones para mejorar la concentración son:

1. Presta una atención plena. Leer el *Marca* o el *Mundo Deportivo* mientras haces ejercicio en el gimnasio no contribuirá a que tu cerebro aprenda a mejorar en lo que estés haciendo.
2. Busca el consejo de un experto para saber qué correcciones de tu rendimiento pueden hacer que tu juego mejore. Ese experto podría ser un mentor, un entrenador personal (*coach*) en el trabajo o un profesional del golf.

24. La capacidad de ignorar las distracciones y de centrarse en solo una cosa se llama «control cognitivo». Un estudio reciente llevado a cabo en Nueva Zelanda muestra que el control cognitivo es un predictor de buena salud y de éxito financiero más importante que el cociente intelectual de las personas o el nivel económico de la familia de origen.

3. Dedica el tiempo necesario. Cuanto más practiques tus mejores movimientos, más fuerte se vuelve la maquinaria de tu cerebro al respecto y mejor será tu rendimiento.

ConZéntrate[25]

• **La regla del cinco**
Lee cinco páginas más. Termina cinco problemas de matemáticas más. Trabaja cinco minutos más. Del mismo modo que los atletas consiguen aumentar su resistencia física superando el punto de agotamiento, tú también puedes aumentar tu resistencia mental superando el punto de frustración.

• **Enfócate**
En lugar de repetirte que NO debes preocuparte acerca de otra prioridad menor (¡lo que provoca que tu mente piense precisamente en lo que no debería pensar!), plantéate realizar un sola tarea con parámetros de inicio y final. Por ejemplo: «Pensaré en cómo liquidar el cargo de la tarjeta de crédito cuando llegue a casa esta noche y pueda comprobar las facturas. De momento, durante la media hora siguiente a partir de la una de mediodía, me centraré exclusivamente en practicar esta presentación para demostrar la máxima elocuencia y articular bien las palabras cuando les presente esta propuesta a esos clientes tan importantes».

25. Adaptado de Sam Horn, autor de *ConZentrate: Get Focused and Pay Attention* (St. Martin's Press). Estos consejos pueden contribuir a que te concentres mejor, tanto si estás trabajando intensamente en la oficina como si estás estudiando, participando en una reunión o intentando terminar un proyecto.

De todos modos, ¿no consigues eliminar ciertas preocupaciones de tu mente? Anótalas en tu lista de asuntos pendientes para poder recordarlas u olvidarte de ellas. Dejar constancia de las obligaciones que te preocupan significa no tener que usar el cerebro como tablón de anuncios para recordar las cosas, lo que significa que puedes centrar toda tu atención en las tareas que tengan más prioridad.

- **Ponte orejeras**
  Imagina tu mente como una cámara y tus ojos como su mecanismo de apertura. La mayor parte del tiempo, nuestros ojos «lo registran todo» y nuestro cerebro está en «gran angular». Podemos pensar en muchas cosas al mismo tiempo y actuar con bastante eficiencia de este modo (por ejemplo, imagínate conduciendo por una autopista atestada mientras hablas con un amigo, buscas una emisora en la radio y controlas de reojo los coches que tienes al lado, a la espera de que llegue el rótulo de tu salida).
  ¿Qué ocurre si quieres enfocar con el teleobjetivo? ¿Qué ocurre si tienes que prepararte para un examen y necesitas concentrarte al cien por cien? Pones las manos alrededor de tus ojos para tener una «visión de túnel» y para que solo te permitan ver el libro de texto. Tapas con las manos los laterales de tu cara excluyendo los alrededores porque «Ojos que no ven, corazón que no siente». Ese ritual físico se convierte en un detonante tipo Pavlov.

- **Mira como si fuese la primera (o la última) vez**
  Nos perdemos decenas de cosas bellas cada día por no mirar con atención. La próxima vez que tu mente esté a miles de kilómetros, sencillamente mira a tu alrededor. Observa esa exquisita flor en el jarrón. Acércate al cua-

dro que cuelga de la pared y maravíllate de la maestría del artista. Inclínate y mira de verdad a un ser querido, sin dar nada por sentado.

- **Bebe agua**
  Un estudio del año 2012 en *The Journal of Nutrition* descubrió que la deshidratación leve (tan sutil que ni siquiera se nota) puede provocar falta de atención. Cuando las mujeres se deshidrataban menos de un 2 por ciento (en este caso por no beber el agua suficiente después de hacer ejercicio), su capacidad de concentrarse en una serie de pruebas cognitivas se vio disminuida. «Cuando el cerebro detecta hasta el más mínimo cambio fisiológico, puede que empiece a funcionar por debajo del nivel óptimo para llamar nuestra atención», explica Harris Lieberman, coautor del estudio y psicólogo estadounidense que investiga para el U.S. Army Research Institute of Environmental Medicine. «La sed no es la mejor manera de juzgar el nivel de hidratación, mientras que un descenso en la capacidad de centrarse en una actividad es un primer síntoma de que ha llegado la hora de beber.»

- **Respira**[26]
  Cuando te concentras en algo, fortaleces los mecanismos del cerebro que se encuentran en el córtex prefrontal, justo detrás de la frente, que se encarga tanto de centrar tu atención en lo que te propongas como en devolverla a su sitio cuando te distraes. Centrarse en la respiración es una excelente forma de consolidar nuestra capacidad de relajación y concentración.
  En una investigación llevada a cabo en la Emory Uni-

---

26. Extraído del libro *Focus*, de Daniel Goleman (Kairós, 2013).

versity por parte de Wendy Hasenkamp, los científicos escanearon el cerebro de voluntarios que, mientras tanto, prestaban atención a su propia respiración. No intentaban controlarla de ningún modo, simplemente se concentraban en su flujo natural. Descubrieron que hay cuatro movimientos básicos en los ejercicios mentales para centrar la atención:

1. Centra tu atención en la respiración.
2. Date cuenta de que tu mente se ha dispersado.
3. Abandona ese hilo de pensamiento.
4. Recupera la atención en tu respiración y mantenla allí.

Repite esto cuando tu mente se distraiga y necesites estar concentrado.

Claves para conseguir la atención plena

¿Qué es la atención plena?[27] La atención plena es la capacidad de centrarse en el presente, gestionando la tendencia de la mente a divagar hacia el pasado o el futuro. Hay muchísimas técnicas de atención plena, y las más sencillas, a las que puede acceder cualquier persona que quiera experimentarlas, suelen estar basadas en la práctica de la respiración. El psiquiatra Dan Siegel sugiere una técnica muy eficaz antes de empezar una sesión de atención plena: «Pon tu atención en la pared que tienes a tu espalda. Ahora, centra tu atención en

---

27. El siguiente *link* nos ofrece un taller de atención plena que Jon Kabat-Zinn impartió en 2007 para Google; es uno de los mejores ejemplos de atención plena, práctico y concreto que existen en la red: http://www.youtube.com/watch?v=3nwwKbM_vJc.

la pared que tienes enfrente. Ahora trae tu atención al centro de la habitación. Ahora llévala dentro de ti». Con este sencillo ejercicio nos damos cuenta de que podemos elegir dónde va nuestra atención, que no tiene por qué ser asaltada por cualquier estímulo externo que surja. Dónde pones tu atención es una elección. Cuando te centras con atención plena, tu atención actúa como un microscopio que te permite focalizar y ampliar como un *zoom*, y por tanto percibir mejor el presente.

¿Qué ventajas tiene la atención plena? Podemos crear nuevos caminos neurales a través de la atención plena, comprobados con la ayuda de las técnicas de imagen actuales. Un cambio importante, por ejemplo, se da en aquellas áreas del cerebro que reconocen y responden a los estímulos del dolor; y también en el sistema límbico, el área que controla muchos de los procesos mentales y físicos que ocurren por debajo del umbral de la conciencia. Los beneficios fisiológicos que pueden derivarse de las prácticas de atención plena son múltiples, entre ellos el alivio de los síntomas del estrés, medido de forma objetiva tras sesiones de meditación sencillas y que no requieren un entrenamiento complicado.

Estas prácticas también cambian la frecuencia de nuestras ondas cerebrales, producidas por la actividad eléctrica del cerebro. Cuando estamos despiertos, nuestra mente tiende al estado beta, unas ondas rápidas que al acelerarse revelan mayor estrés, agitación, preocupación y tendencia a la negatividad. Cuando meditas o duermes, las ondas cerebrales se calman y entran en estado alfa, theta o delta, en los que es difícil sentirse preocupado o agitado. También existen unas ondas difíciles de capturar mediante un encefalograma llamadas gamma, las más rápidas del cerebro y asociadas a una mayor actividad mental, que generan destellos de brillantez e intuiciones asociadas a momentos de extrema concentración y atención.

- **Háblate frente al espejo**[28]

  Haz dos marcas en tu espejo a la altura de los ojos y piensa en ellas como dos ojos humanos que te miran. Es probable que al principio parpadees un poco. No muevas la cabeza, pero mantén el cuerpo erguido. Concentra todos tus pensamientos en mantener la cabeza completamente quieta. No dejes que entre ningún otro pensamiento en tu cabeza. A continuación, manteniendo la cabeza, los ojos y el cuerpo inmóviles, piensa en tu aspecto como el de una persona fiable, como una persona en la que cualquiera confiaría.

  Mientras estás frente al espejo, respira profundamente. Piensa que hay mucho aire fresco en la habitación y que literalmente te estás nutriendo de él. Te darás cuenta de que, mientras penetra en cada una de tus células, tu timidez desaparece. Ha quedado sustituida por una sensación de paz y fuerza interior.

  Quien es capaz de plantarse y controlar los músculos de la cara y los ojos, siempre domina tu atención. Cuando habla, le resulta fácil impresionar a sus interlocutores. Adquiere una sensación de calma y fortaleza que consigue disipar cualquier oposición.

  Tres minutos al día son suficientes para la práctica de este ejercicio.

28. **Ejercicio** extraído de *The Power of Concentration*, de Theron Q. Dumont.

IV. Gestionar la tristeza

Sentir tristeza es una respuesta natural a las incerti-
dumbres y pérdidas de la vida. Pero hay que distinguir
entre la tristeza pasajera y la tristeza crónica —también
llamada depresión—, un sentimiento que se instala tozudamente y nos acompaña de modo persistente. Esta condición requiere, sin dudarlo, la atención de un especialista.

¿Qué nos pasa por dentro cuando entramos en una
espiral de tristeza? Los estudios han mostrado que la
tristeza desencadena una intensa actividad cerebral que
afecta a más de setenta áreas cerebrales, entre ellas las
que procesan el conflicto, el dolor, el aislamiento social,
la memoria, los centros de recompensa del cerebro, la
capacidad de atención, las sensaciones físicas —nos sentimos físicamente mal cuando estamos tristes— y la
toma de decisiones. Ante la tristeza crónica, dice Ronald
Duman, catedrático de psiquiatría y farmacología en la
Universidad de Yale, que «... las células de tu cerebro se
atrofian igual que con determinadas enfermedades».
Cuando esto ocurre, el cerebro empieza a cerrarse y lo
suprime todo menos lo más imprescindible. No solo dejan de generarse neuronas, sino que además parece ser
que el cerebro deja de crear nuevas células. Con el tiempo, esto conlleva una reducción de ciertas estructuras
cerebrales como el hipocampo que resultan vitales para
el correcto funcionamiento del cerebro. «La depresión
aparece como consecuencia de problemas con la función
más fundamental del cerebro: procesar información»,
afirma Eero Castren, un neurocientífico de la Universidad de Helsinki. «Es mucho más que la simple incapacidad de experimentar placer.» Esta nueva concepción
científica de la depresión también ofrece una nueva manera de pensar en el papel de los fármacos en la recupe-

ración.[29] Si bien los antidepresivos contribuyen a que las células del cerebro recuperen su vigor y formen nuevas conexiones, Castren afirma que los pacientes deben seguir trabajando para consolidar esas conexiones, tal vez siguiendo una terapia o haciendo ejercicio físico. Comparemos los antidepresivos con los esteroides anabolizantes, que aumentan la masa muscular solo cuando quien los toma, además, va al gimnasio. «Si te limitas a quedarte sentado en el sofá, los esteroides no serán muy efectivos —afirma—. Los antidepresivos funcionan del mismo modo: si quieres que el fármaco te funcione, tienes que trabajar en la misma dirección que ellos.»

Afortunadamente, tienes muchos recursos interiores frente a la tristeza, más aún si se trata de una tristeza pasajera. Está en tus manos aliviar, redirigir e incluso transformar tus emociones negativas. Las estrategias rápidas, que funcionan a corto plazo —sugerimos algunas a continuación—, ponen el acento en interrumpir la negatividad, para deshacer no solo los pensamientos negativos sino también el entorno químico que estos generan. Son gestos sencillos que te pueden aliviar rápidamente.

En cambio, las estrategias a medio y largo plazo frente a la tristeza más reiterada o profunda requieren que hagas un esfuerzo por comprender y analizar las raíces de tu estado anímico. Para este viaje hacia tu propio interior intenta contar con la ayuda de un profesional que te guíe. Si no cuentas con ayuda profesional, no dejes de

29. Una de las primeras grietas en las hipótesis químicas acerca de la depresión procede de un fenómeno conocido como el «retraso del Prozac». Los antidepresivos incrementan la cantidad de serotonina del cerebro en cuestión de horas, pero sus efectos beneficiosos no suelen durar ni siquiera varias semanas. Esto hizo que los neurocientíficos se preguntaran si había algo más aparte de la serotonina que pudiera ser responsable de los buenos resultados.

intentar encontrar una solución por ti mismo. Más adelante encontrarás, por ejemplo, la sugerencia de una pareja de psicólogos que desarrollaron una técnica muy especial, llamada «terapia breve», que puedes aplicar tú mismo. ¡No dejes de poner nombre a lo que sientes y de buscar respuestas!

Cambia el foco

Si cambias tu foco, cambias tu emoción.[30] Utiliza la regla de los noventa segundos para cambiar tu foco y tu emoción: fisiológicamente, cuando nos invade una emoción negativa, nuestro cuerpo tarda en torno a unos noventa segundos en procesar las hormonas del estrés y recuperar su estado normal. Pero si al cabo de este tiempo tú sigues pensando en lo que te enfada o entristece, repites el proceso fisiológico y te quedas atrapado en un círculo vicioso. Así que cuando seas presa de un sentimiento negativo, en cuanto sientas que este disminuye cambia el foco.

- **Piensa en algo que te haga sentir bien**

Solemos pensar de acuerdo con nuestro humor del momento: cosas tristes cuando estás triste, alegres cuando estás alegre. Pero ¿y si piensas deliberadamente en cosas que no son coherentes con tu estado anímico? La intención aquí es romper de forma deliberada el camino de los pensamientos negativos, y también la química que eso

---

30. Dice Daniel Goleman: «Todos hemos experimentado alguna vez el vínculo entre atención y emoción. Si me siento frustrado con un colega, es fácil que me centre en cómo no ha cumplido mis expectativas, y mi frustración aumenta. Sin embargo, cuando me concentro en el gran trabajo que hemos hecho juntos, mi frustración disminuye».

genera en tu cuerpo. Puedes pensar en tu vida en general, o bien en un recuerdo feliz concreto.

Sumérgete en la música

Escuchar música alegre cuando estás triste puede ayudarte a distraerte y, de nuevo, romper el ciclo de la negatividad, y posiblemente lograr generar sentimientos más constructivos, como la alegría o la esperanza, para empezar así a transformar tu humor. ¡Dale un poco de tiempo a la música para funcionar!

• Relájate

Las técnicas de relajación a menudo se utilizan como estrategias de mejora del estado de ánimo para ayudar a que los individuos alcancen un nivel de calma y reduzcan el estrés o la tensión que pueden proceder de estados de ánimo negativos. La meditación, el control consciente de la respiración y la visualización son herramientas eficaces. Aquí tienes una sugerencia sencilla que combina la respiración con la visualización:

Cierra los ojos. Visualiza una imagen que te tranquilice (la imagen que elijas puede ser cualquier cosa, desde las olas del océano a una mascota). Combina la visualización[31] con la respiración. Mientras tomas aire y lo expulsas, retén la imagen en tu mente. Repite la secuencia varias veces hasta que sientas que te invade la tranquilidad, tanto a nivel mental como físico.

31. Para la visualización, necesitas imaginar algo más que el aspecto de un lugar. Debes imaginarlo también con el resto de tus sentidos. Por ejemplo, ¿a qué huele ese lugar? ¿Qué sonidos pueden oírse? Cuanto más uses tus sentidos, más efectiva será la técnica de visualización.

- **Ríe y sonríe**

Tal como se comentó en *Una mochila para el Universo*, los nuevos conocimientos que tenemos acerca de la estrecha relación que existe entre el cuerpo y la mente están alterando radicalmente la forma de entendernos. Aunque nos faltan todavía claves acerca de esta relación, puedes comprobarla de inmediato: piensa en cuando te sientes feliz, y el corazón te late más despacio porque tienes menos miedo, y sonríes, que es una señal de apertura y vulnerabilidad a los demás. Lo curioso es que también funciona al revés: cuando sonríes, aunque no tengas ganas, generas un química que te hace sentir mejor. La risa incrementa nuestros niveles de serotonina, una hormona que nos aporta bienestar, así que si quieres sentirte mejor sonríe, aunque no tengas ganas. La capacidad de reír también es innata e instintiva.

Radiografía tus puntos vulnerables

Cuando tememos nuestras vulnerabilidades, tendemos a la ansiedad: escondemos y evitamos tozudamente lo que no queremos que los demás puedan percibir. Una de las maneras más importantes de dirigir la ansiedad es abordando la conducta evitativa que tanto contribuye a generar una espiral de descontrol. Siguiendo estos sencillos pasos te estarás dando la oportunidad de reforzar tu «inmunidad ante la ansiedad»:

- Elabora una lista de tus miedos y clasifícalos en orden de dificultad.
- Empezando por los más fáciles de gestionar, intenta abordar esos miedos de forma constructiva en lugar de recurrir a la evitación.
- Pregúntate qué es lo peor que podría ocurrir y

piensa en formas prácticas de solucionarlo si llegara a suceder.

Recupera el contacto físico con los demás

El contacto físico puede reducir los sentimientos de soledad y de miedo, e incluso puede ayudar con el dolor físico. Richard Davidson, un neurocientífico de la Universidad de Wisconsin, estudió los niveles de miedo y dolor experimentados por individuos expuestos a descargas eléctricas leves. Cuando se los dejaba solos mientras recibían las descargas eléctricas, los sujetos sintieron miedo y dolor, y las áreas del cerebro responsables de las sensaciones estaban especialmente activas. Sin embargo, si un miembro del equipo del laboratorio le daba la mano —alguien a quien no conocían previamente y cuyo rostro no podían ver—, sentían menos miedo pese a seguir sintiendo dolor físico. Su actividad cerebral se calmó considerablemente a todos los niveles si quienes les daban la mano eran las respectivas parejas. El efecto sobre los cerebros de las personas fue directamente proporcional al amor que sentían por sus parejas. Los cambios fueron visibles en el hipotálamo, el área del cerebro implicada en el procesamiento de la mayor parte de las emociones mientras se cogían de la mano. El hipotálamo controla la secreción de hormonas en el cuerpo, especialmente las hormonas relacionadas con el estrés. Los investigadores de la Universidad de Wisconsin llaman a las relaciones emocionales «el regulador oculto» porque tienen un efecto profundo sobre la función cerebral y porque ese efecto resulta imperceptible cuando todo va bien, pero se hace evidente cuando lo necesitamos. Ocurre algo destacable con el contacto físico. Darse un masaje, recibir un abrazo o coger la mano de alguien puede ser algo tan poderoso como una droga, algo que reduce de forma efectiva el dolor y la ansiedad.

Transita las etapas de la pérdida y el desamor

El enamoramiento se parece a una adicción en toda regla: generas buenas dosis de norepinefrina, de dopamina, de serotonina, también de testosterona, ya que se mezcla el deseo... Es la química del bienestar. Cuando te quitan el amor surgen efectos secundarios que te pueden causar mucho estrés emocional y depresión. El desamor puede doler físicamente. El dolor físico es la respuesta del cuerpo a los problemas externos, una señal de alarma que se dispara por cualquier amenaza física o emocional. De hecho, la zona del cerebro que procesa el dolor físico también se encarga de procesar el dolor emocional, y se activa ante cualquiera de los dos.

El enamoramiento es un proceso intenso, muy útil de cara a la transformación y al aprendizaje personal. Es el momento, tal vez uno de los pocos, en el que logras hacerte vulnerable y, por tanto, abierto al cambio. Se ha comprobado que, según el neurólogo Norman Doidge, nuestro cerebro en esa etapa se vuelve más maleable, más abierto al cambio. ¿Cómo te vas a perder este regalo de la vida, a pesar de la amenaza siempre presente del posterior desamor? Si este llega, lo mejor es aprender a gestionarlo. Aunque cada persona se enfrenta a las pérdidas a su manera y a su ritmo, hay una serie de estadios que son característicos.

El primer estadio es la negación. Niegas que tu amor se haya ido, no aceptas el final. Es una forma de protegerte contra el dolor. Estás como en estado de susto, de *shock*, o incluso estás algo eufórico, como si la realidad no fuera contigo.

El segundo estadio es la ira, cuando reaccionas y te enfadas. Por una parte venderías tu alma al diablo para que él o ella regresase, pero por otra estás enfadado. Un estudio demuestra que la gente se recupera más deprisa si acepta que hay una época de enfado. Líbrate de los recuerdos de esa persona, ayuda a tu cerebro a no estar obsesionado, a mirar al futuro. Fuera fotos, cartas, camisetas, cepillo de dientes y cualquier otro recuerdo.

El tercer estadio es la negociación. Estás lleno de dolor y de sentimiento de culpa. Empiezas a reprocharte lo que has hecho mal o las cosas que no habéis podido hacer juntos. Lo mejor es hablar de lo que sientes, expresarlo, darle forma, aunque duela. Resistirte al dolor lo empeora. Llora, habla con amigos, haz deporte... Recuerda que estás pasando las etapas normales de una pérdida y que mejorarás si te enfrentas a ello.

Ahora viene el cuarto estadio, la depresión. Aquí sientes tristeza y soledad. Estás empezando a aceptar que estás ante una pérdida de verdad. Eso te absorbe, te sientes vacío y es frecuente que te aísles porque nada te interesa. Si puedes, pide ayuda profesional porque te será muy útil. Sabemos que las personas que logran comprender y extraer una lección de sus tristezas son las que mejor salen adelante. Hay que entender, racionalizar lo que pasó para poder asimilarlo y pasar página. No solo estás triste, sino que además sientes que tienes que cargar sin ganas con todo lo que el otro hacía antes por ti. Si a veces te sientes incapaz de hacer lo que antes hacían él o ella, recuerda que hacer cosas que creemos que no podemos hacer, como cambiar una rueda del coche, mejora mucho la autoestima. Somos más capaces de sobrevivir solos de lo que pensamos. Ahora eres tu propio héroe.

Fíjate bien en la quinta y última fase, porque es fundamental: ¿resignación o aceptación? Aquí el peligro es pensar: «La vida es un asco, pero no tengo más remedio que aguantarme». Eso sería resignación, y es lo peor que te puede pasar. Tenemos que lograr comprender lo ocurrido, aceptarlo y sacarle partido. No es fácil, habrá momentos de nostalgia y la felicidad no vuelve de repente, pero lo importante es sentir que por fin estás mirando hacia adelante con un poco de ilusión.

¿Una sugerencia para esta fase? Antonio Damasio, uno de los padres de la neurociencia, dice que una emoción negativa intensa se supera con otra emoción igual de intensa y de signo contrario. Busca, pues, activamente esas emociones positivas fuertes. Una buena señal es si has hecho cambios en tu vestuario o en tu peinado. Apúntate a algo que siempre quisiste hacer, como clases de cocina japonesa, de salsa o cualquier otra actividad que te sea grata. Haz lo que sea que te haga reír y te regale ilusión, ¡póntelo como meta! El amor nos hace vulnerables, pero es el regalo que nos da la vida para aprender y para cambiar.

Transforma tu tristeza en creatividad

Durante miles de años, la gente ha especulado que existe una correlación entre la tristeza y la creatividad. En realidad, parece ser que los estados de tristeza aumentan nuestra atención, nuestra persistencia y el valor que le damos a los detalles.[32]

32. Joe Forgas, un psicólogo social de la Universidad de New South Wales en Australia, sugiere que a los individuos melancólicos se les da mejor juzgar de forma acertada los rumores y recordar acontecimientos pasados. También tienen menos tendencia a estereotipar a los desconocidos y cometen menos errores aritméticos. Mientras que la tristeza consigue que nos centremos más y actuemos de forma más diligente, parece ser que la felicidad tiene el efecto

Si estás triste y no puedes cambiar las emociones que te embargan porque estás procesando una pérdida, canaliza tu tristeza de forma creativa.

Seis pasos para ser más creativo[33]

La creatividad es un camino y un proceso para no atascarse en las viejas costumbres y en maneras poco efectivas de vernos a nosotros mismos y de ver el mundo, y es algo que se puede alimentar y desarrollar. Una buena forma de empezar es dándote cuenta de lo creativos que son los bebés y los niños pequeños. El simple acto de gatear, caminar y explorar puede resultar enormemente creativo. La creatividad es algo sencillo: solo tienes que permitirte actuar más como un niño, con curiosidad, y empezar a explorar cualquiera de estas cuatro prácticas:

1. Cree en tu creatividad

Esta es la primera práctica y probablemente la más importante. Podrías empezar pensando o escribiendo tres acciones creativas que hayas hecho, algo que hayas escrito, dicho o terminado. Toma conciencia de un área en la que te sientas una persona creativa. Puede ser cocinar, dibujar, arreglar cosas o la jardinería. La creatividad puede manifestarse de muchas formas, algunas muy cotidianas, como los regalos que hacemos, la ropa que nos ponemos o el modo de poner la mesa. Simplemente tie-

---

contrario, de manera que el buen humor nos acerca en un 20 por ciento a la posibilidad de tener un momento de entendimiento (el momento «ajá», una forma creativa menos analítica y más intuitiva).

33. Extraído y adaptado de un artículo de Marc Lesser, autor de *Know Yourself, Forget Yourself: Five Truths To Transform Your Work, Relationships, and Everyday Life,* y director ejecutivo del Search Inside Yourself Leadership Institute (SIYLI).

nes que empezar a tomar conciencia de ella y a reconocer tu propia creatividad.

2. Reconoce tu crítico interior

Todos llevamos dentro un crítico interior. Puede resultar difícil aceptar que llevar dentro a un crítico forma parte de la condición humana. Lo bueno del tema es que esa voz interior solo quiere protegernos y mantener nuestra seguridad, y que no tenemos por qué detenernos o desestimar nada por culpa de esas voces interiores. Sabiendo eso, intenta relajar al juez que llevas dentro. Ponle nombre, juega con ello, experimenta. A pesar de tus juicios, tienes la capacidad de ser una persona creativa.

3. Presta atención a los detalles

Entrando en la práctica de la creatividad, puedes empezar a tomar una mayor conciencia de los detalles de tu día a día. Prestando más atención a los detalles puedes llegar a ser más consciente del momento presente, y tu mundo puede cobrar más vida. Cuando te pones los zapatos, ¿cuál de los dos te pones primero? ¿De qué color es la puerta de tu casa? ¿Cuántos correos electrónicos recibes y envías cada día? También puedes jugar cambiándole el nombre a las cosas. Fíjate en un clip o en una fresa como si los vieras por primera vez. ¿Qué nombres les pondrías? Esa clase de detalles y experimentos pueden abrir puertas para ver el mundo de un modo distinto.

4. Haz preguntas

Especialmente las que te parezcan más evidentes o incluso tontas. Arriésgate a parecer una persona diferente. Demuestra curiosidad por tus sentimientos y tus motivaciones. Pregúntate cómo funcionan las cosas y por qué tanto tú como las otras personas actuáis como lo hacéis. Libérate de la necesidad de guardar las formas y permítete ser una persona curiosa e incluso rara, en ocasiones. Esa es otra puerta hacia la creatividad.

Terapia breve: encontrar la solución en ti mismo

Esta terapia, diseñada por los iconoclastas y brillantes psicoterapeutas Steve de Shazer e Insoo Kim Berg, pone del revés los procesos de psicoterapia tradicionales con técnicas sencillas con las que cada persona puede intentar formular por sí misma una solución al problema que trae consigo. Los fundadores de esta terapia partieron de la base de que muchos problemas no ocurren de forma permanente, sino solo de modo ocasional. ¿Qué ocurre en las etapas en las que el problema no se manifiesta? Estudiando a cientos de pacientes, descubrieron que las personas son capaces de hacer de forma instintiva muchos pequeños gestos que alivian sus problemas habituales, sin ser realmente conscientes de ello. La terapia breve desvela estos comportamientos y anima a los pacientes a llevarlos a cabo de forma deliberada. De alguna manera, la terapia breve confía en que las personas llevan la semilla de sus propias soluciones en ellas.

Hazte la pregunta milagro

«Quisiera preguntarte algo un poco extraño: supón que llegas a casa esta noche y te vas a dormir. Te duermes como siempre, y mientras estás dormido ocurre un milagro: los problemas con los que te has dormido se han esfumado. No te has dado cuenta porque estás dormido, pero ¿qué notarás mañana al despertar? ¿Cómo sabrás que ha ocurrido un milagro?»

A partir de este guión personal, las preguntas que

ayudan al proceso de cambio se centran en dónde, cuándo y quién se comportará a partir del milagro de forma diferente. Se puede adoptar la perspectiva de la persona concernida, o de algunas de las personas que le rodean, como la pareja, los padres, los hijos o los compañeros de trabajo. Se trata de lograr una descripción lo más realista posible de cómo sería esta nueva vida tras el milagro, y de describir los pasos concretos que ayudarán a plasmar ese milagro (los puntos suspensivos son el problema particular erradicado):

- ¿Qué harás de forma distinta ahora que ya no...?
- ¿Cómo te sientes ahora que no...?
- ¿Quién se dará cuenta de que ya no...?
- ¿Qué harán cuando tú ya no...?
- ¿Cuál será la primera señal de que ya no...?
- ¿Qué tiene que pasar para que ya no...?
- ¿Cómo puedes conseguir esto?

¿Dónde te sitúas ahora mismo?

La terapia breve también trabaja con una escala con la que se puede medir el progreso logrado. En esta escala, el 10 es el día tras el milagro y el 0 es el día en el que el problema era más acuciante. ¿Dónde te sitúas ahora mismo? Las preguntas en esta etapa deberían centrarse de nuevo en dilucidar qué aspecto, sensación y comportamiento serán necesarios para plasmar el milagro (de nuevo, los puntos suspensivos representan el «milagro»).

Ahora que estás en este punto de tu escala,

- ¿Qué ha cambiado?
- ¿Qué haces de distinto ahora?
- ¿Qué hacen o dicen ellos ahora que tú...?

- ¿Cómo se han dado cuenta de que tú...?
- ¿Cómo has conseguido pasar del problema a...?
- ¿Por qué has decidido hacer esto?
- ¿Cómo te ha ayudado?
- ¿Cuántas veces tienes que repetirlo?
- ¿Cómo subirías en la escala si repitieses este comportamiento?

En vez de centrarse en resolver problemas, la terapia breve se centra en construir soluciones. «Hemos descubierto que no hay ninguna conexión entre un problema y su solución, ninguna en absoluto. Porque cuando le preguntas a un cliente que te cuente su problema, te dará una descripción; pero si luego le preguntas acerca de la solución, te dará una descripción muy diferente de la que él o ella creen que podría ser su solución. Por ejemplo, una familia terrible, alcohólica, dirá: "Cenaremos juntos y charlaremos. Saldremos a dar un paseo". Esta gente tal vez ha tenido en sus vidas a personas que les han dado consejos muy sensatos, o que les han dicho "¿Por qué no pruebas esto o lo otro?", "¿Por qué no dejas de beber?". Pero resulta evidente que esto no les ha ayudado a cambiar nada. Así que ahora les preguntamos acerca de su propio plan, no lo que YO quiero para ti, sino lo que TÚ quieres para ti mismo. ¡Ni siquiera sabías que tenías un plan! De hecho, no lo tenías cuando empezamos a hablar. Pero a medida que hablamos, poco a poco, empiezas a desarrollar un *blueprint*. Las personas tienen todo lo que necesitan en algún lugar, dentro de sí mismos, pero no saben cómo organizarlo. Creo que cuando hablamos, ellos encuentran la forma de hacerlo, ponen cada pieza en su lugar. Las personas tienen esa habilidad innata para crecer dentro de sí mismos, sin embargo de alguna manera se bloquean.»

La rueda de la salud maorí

Los maorí son una etnia polinesia arraigada en Nueva Zelanda, con una peculiar e influyente sabiduría[34] que recalca la importancia de la empatía y de la escucha para lograr comprender y convivir con el mundo que nos rodea. Aquí tienes una rueda de la vida maorí que invita a reflexionar sobre los distintos ámbitos de nuestra vida en un contexto amplio. Antes de trazar tu rueda de la salud, reflexiona con papel y lápiz acerca de estos ámbitos:

Viaje al interior de uno mismo: chequeo personal

MENTE
Escribe acerca de tus pensamientos ahora mismo, durante dos minutos. ¿En qué cosas prefieres no pensar? Apúntalo también al final del ejercicio.

CUERPO
Dibuja tu silueta y mientras lo haces escanea mentalmente tu cuerpo, fijándote en las partes tensas, o relajadas, o dolidas. Haz círculos sobre las áreas que necesitan tu atención.

EMOCIONES
Haz una lista de tus emociones o sentimientos actuales. ¿Sientes alguno en una parte concreta del cuerpo? ¿Qué emociones te resultan útiles? ¿Qué emociones te resultan perjudiciales?

INSPIRACIÓN
Cierra los ojos y piensa en algo o alguien que te inspira. Quédate con ese pensamiento mientras respiras despacio. Imagina que irradias esa inspiración a lo largo del día hoy, en distintos momentos del día. ¿Qué dirías, pensarías y dirías?

34. El escritor Hirini Reedy explica una de las características de la cultura maorí: «Creo que el mundo occidental se ha moldeado a partir de una lógica reduccionista y un análisis científico que han servido de base para muchos grandes descubrimientos de los tiempos modernos. Si bien esa manera de pensar ha contribuido enormemente a explicar la lógica de la vida, en ocasiones no consigue expresar de forma adecuada el espíritu de la vida. Un montón de leña y hojas no equivalen a un árbol. De un modo parecido, un montón de datos

La rueda de la salud maorí

Dibuja un punto en cada sección de la rueda: cuanto más alejado esté el punto del centro de la rueda, más importancia tiene esa sección en tu vida. Une los puntos y consigue una rueda de la salud personalizada.

Reflexiona acerca del equilibrio entre cuerpo, emociones, mente y espíritu (la rueda integral de salud), a raíz de tu chequeo personal.

¿Qué pensamientos o creencias te están limitando de cara a conseguir una rueda integral de salud más equilibrada?

¿Qué debes eliminar o sacrificar de cara a conseguir una rueda integral de salud más equilibrada?

V. ENTRENARSE EN POSITIVO

Cuando una persona vive un estado de felicidad, el córtex prefrontal se encuentra especialmente activo. El

científicos y de tecnología impresionante no nos aseguran que tomaremos la decisión más correcta. En ese punto es donde la manera en la que los maorís ven el mundo intenta utilizar las enseñanzas de la naturaleza para articular la sabiduría de la vida».

estrato ventral se activa cuando experimentamos un placer físico intenso. Y cuando una persona genera compasión, es otra parte del cerebro la que se activa, la conocida como insular.[35] Estos y otros hallazgos de Davidson[36] reafirmaron la creciente investigación que sugería que el cerebro adulto es mutable o «plástico», y que, al contrario de lo que se creía, no adquiere rigidez durante la adolescencia. «He estado hablando acerca de la felicidad, no como un rasgo, sino como una habilidad, como saber jugar al tenis —afirma Richard Davidson—. Si quieres ju-

---

35. Utilizando tecnología de captación de imágenes cerebrales, especialmente con un aparato que permite obtener imágenes por resonancia magnética funcional, Richard Davidson y su equipo de investigadores han observado las áreas asociadas a varias emociones y la manera en la que su función cambia cuando un individuo se mueve por ellas. Esta técnica, junto con las imágenes por resonancia magnética, ha establecido que diferentes componentes de felicidad se reflejan en diferentes partes del cerebro.

36. Seguramente su estudio más conocido fue un esquema cerebral de los empleados de una compañía de biotecnología, más de la mitad de los cuales practicaban tres horas de meditación una vez por semana con la ayuda de Jon Kabat-Zinn, doctor en filosofía y director fundador de la clínica de reducción del estrés de la University of Massachusetts Medical School. Cuatro meses después, los individuos que meditaban notaron que su humor mejoraba notablemente y que su ansiedad disminuía, mientras que sus sistemas inmunitarios quedaron visiblemente reforzados. Davidson demostró de forma evidente que con la meditación se consigue un aumento importante de la actividad en la parte del cerebro responsable de las emociones positivas y rasgos como el optimismo y la resiliencia que dependen del córtex prefrontal izquierdo. Cuando estudió a los monjes que practican la meditación, por otro lado, descubrió que esa área se activaba con fuerza, lo que demostraba una actividad mucho más intensa de lo que él y su equipo habían visto jamás, reflejando la alegre serenidad de esos monjes.

gar bien al tenis, no se trata solo de comprarte una raqueta, tienes que practicar.» ¿Cómo podemos entrenarnos en positivo?

Reprográmate

En lugar de dejar los platos sucios en el fregadero después de la comida o papeles revueltos sobre el escritorio cuando has terminado un proyecto, restaura el orden para cuando tengas que volver, sugiere Oliver Burkeman citando a Thanh Pham, quien se refiere a ese hábito como «despejar para neutralizar».[37] Jon Kabt-Zinn se refiere a esta reprogramación como a un ajuste consciente de tus «valores predeterminados», es decir, a aquellos hábitos que te sientan bien. Se trata de asegurarte de que no vives de espaldas a aquello que te hace sentir mejor.

Introduce cambios en tu vida, ¡pero no cualquier cambio!

El *cambio circunstancial* es aquel que implica una transformación importante en nuestras circunstancias vitales, por ejemplo, cambiar de casa, un aumento de sueldo o la compra de un coche. El *cambio intencionado*, por el contrario, describe el esfuerzo por conquistar una meta o empezar una nueva actividad, por ejemplo, hacerse miembro de un club, empezar un hobby, cambiar de carrera... *Para maximizar la felicidad, favorece los cambios intencionados sobre los cambios circunstanciales,* tal como defiende Richard Wiseman, catedrático de psicología británico.

37. Por ejemplo, elige una hora para ir a dormir que sea regular. Fíjate en la investigación citada por Tony Schwartz y otros, según la cual dormir seis horas o menos es una de las maneras más eficaces de acabar «quemado». Cuando decides acostarte más tarde, que sea por un motivo concreto y una excepción a la regla.

Las personas experimentan un incremento notable en su nivel de felicidad ante ambos tipos de cambios, circunstancial e intencionado. Pero aquellos que viven un cambio circunstancial vuelven muy pronto al punto inicial de felicidad; en cambio, las personas embarcadas en cambios intencionados mantienen el nuevo nivel de felicidad durante un tiempo mucho más prolongado.

A Michael Steger, un psicólogo de la Universidad de Louisville, en Estados Unidos, le llamaron la atención las distintas formas en que las personas viven sus vidas. Algunos se sacrifican abiertamente por el bienestar de los demás, otros se centran con determinación en perseguir solo su diversión. Steger se planteó algunas preguntas: ¿qué tipo de comportamiento resulta más satisfactorio? ¿La búsqueda del bien o la del placer? La respuesta fue que a mayor número de actividades significativas, mayor felicidad y mayor sensación de que la vida tenía un sentido. Curiosamente, las actividades hedonistas no incrementaban la sensación de felicidad. «Es un mensaje importante en una cultura que suele transmitir la idea contraria», dice Richard Ryan, un psicólogo de la Universidad de Rochester. Los expertos achacan esta diferencia a lo que denominan habituación hedonística, es decir, a lo fácil que resulta acostumbrarse a las cosas buenas que suelen acompañar los cambios circunstanciales. El cambio intencionado logra evitar esta trampa porque suele sembrar un horizonte lleno de cambios psicológicos continuados. Todo no se centra en un objeto de deseo, sino en un camino entero por recorrer. Wiseman recomienda: «Haz el esfuerzo de empezar un nuevo hobby, un proyecto importante, o prueba algún deporte que nunca antes has intentado. Elige actividades que vayan bien con tu personalidad, tus valores y tus habilidades».

Descubre tus elementos: el tablero de los sueños

- **Eres único, por biología y por cultura.** Deberíamos celebrar el milagro de estar vivos cada día. ¡Nacer es algo que tiene muy pocas probabilidades de pasarte! Tú lo has conseguido. Imagina la cantidad de citas, enamoramientos y casualidades que han dado lugar a tu vida.
- **Estás programado y dotado para la creatividad,** para transformar tu mundo, para cambiar las cosas, como todos los seres humanos. ¡Eso nos distingue como especie! Tú escribes tu biografía. Tienes muchas elecciones. Apúntalas, piensa en ellas, reta a aquello que crees que no puedes cambiar... A veces la peor cárcel es nuestra forma de vernos a nosotros mismos.

¿Qué te motiva? La palabra motivación viene del latín *motus,* que significa movimiento, lo que mueve. Así que ¿qué te mueve?¿Qué tienes de especial? Es lo que Ken Robinson, el gran educador, llama «descubrir tu elemento». Debes ser como un pez que nada en el agua: este no piensa si le gusta o no le gusta el agua; está en su elemento.

Estar en tu elemento es estar donde tu talento natural coincide con lo que te apasiona.

Con el tablero de los sueños vas a crear un conjunto de imágenes (tipo *collage*) que reflejan tus aspiraciones, tus esperanzas y tus ilusiones. Se trata de visualizar el tipo de vida que te gustaría tener. ¿Cómo hay que construirlo?

1. **Busca revistas e imágenes en internet que te atraigan,** que reflejen tus aficiones o lo que quisieras hacer.

2. **No utilices fotografías personales que tengan que ver con tu pasado.** ¡Estamos dibujando tu futuro!
3. **Como tablero, puedes elegir una cartulina grande, un corcho, un espejo...** Organiza como quieras las imágenes que tienes, muévelas, usa alfileres o imanes para poder cambiar a lo largo del tiempo tu tablero.

Mantén el tablero donde puedas verlo cada día. Pregúntate qué haces para que tu vida se parezca a lo que quieres que sea. Cambia el tablero a medida que vayas vislumbrando lo que te importa de verdad. Piensa acerca de cómo empleas tu tiempo. ¿Te gusta lo que haces? ¿Quisieras dedicar más tiempo al deporte, a alguna afición, a los amigos, al trabajo? ¿Qué te falta y qué quisieras descubrir o probar? Ponlo en tu tablero. ¿Cómo podrías mejorar tu empleo del tiempo? ¡Trabaja en ello como harías ejercicio físico, gimnasia o deporte!

Sal de tu zona de confort

Cada uno de nosotros tiene una zona de confort. Tenemos incorporados termostatos que regulan nuestro nivel de ansiedad, miedo e inquietud. En las áreas de nuestros conocimientos, habilidades, hábitos y actitud, cuando salimos de los límites habituales existentes empezamos a ponernos nerviosos. Nuestra tendencia natural es retroceder. Intenta hacer esto: cruza los brazos. A continuación, crúzalos del revés. ¿Cómo te has sentido al respecto? Poco natural, ¿verdad? Y es que estamos acostumbrados a no salir de nuestra zona de confort. Cuando intentamos algo nuevo, a menudo nos sentimos incómodos al respecto y con frecuencia retrocedemos. La seguridad es más cómoda.

El lado negativo de todo esto es que permanecer siempre en la zona de confort puede ser muy limitativo. El mundo nos adelanta y nosotros seguimos estancados. ¿Cómo salimos de esa zona de confort? Haz un esfuerzo consciente por experimentar. Siente cómo el nivel de adrenalina te sube un poco, cómo el corazón te late con fuerza y se te acelera la respiración. La adrenalina es la droga natural de tu cuerpo que, en cantidades moderadas, te permite estar alerta y reaccionar con creatividad y rapidez. Crea la sensación de excitación y euforia que surge de intentar algo nuevo, aunque debes saber que también puede generar miedo y ser estresante. Algo de estrés es útil, pero demasiado puede resultar dañino. Algo de estrés proporciona energía, pero demasiado provoca angustia y puede quemarte si se lleva al extremo.

¿Por qué tendríamos que desear el estrés que nos produce salir de la zona de confort? Porque allí es donde se crece. Del mismo modo que un músculo se vuelve más fuerte cuando lo ejercitamos más allá de su ámbito habitual, nos volvemos más fuertes cuando salimos de nuestra rodera. E igual que nuestros músculos, cuando nos estiramos más allá de nuestras capacidades actuales no volvemos a recuperar nuestras dimensiones originales.

Cuando probamos cosas nuevas, ganamos seguridad. La seguridad nos hace sentir poderosos, consigue que nos sintamos bien. Y cuando estamos seguros de que podemos sobrevivir a nuevas ideas, nos permitimos probar todavía más cosas nuevas.

¿Cuál es el límite? Es evidente que debemos ser realistas respecto a la gestión de los riesgos que asumiremos. La gente que goza de más éxito es la que puede prever los resultados que puede tener un riesgo. A continuación se preparan para lidiar con ellos en cada caso.

Las personas que gozan de éxito corren riesgos, pero no son insensatas.

¿Cuáles son algunas actividades de alto nivel que podrían añadirse a tu crecimiento personal y profesional? Este es el reto que quiero plantearte. Haz una lista de quince cosas que, en caso de conseguir cumplirlas, te harían mejorar como persona o como compañía. Tienen que ser cosas como hablar en público, escribir y publicar un artículo, empezar un programa de ejercicios, meditar a diario, dar clases, ayudar a un sin techo, trabajos de voluntariado, escalar una montaña, aprender a tocar un instrumento musical, apuntarse a clases de baile, intentar conseguir un ascenso...

A continuación, a partir de esa lista, selecciona una o dos cosas que desees cumplir en los noventa días siguientes. Programa esa actividad o actividades elegidas y céntrate en conseguirlo. Luego elige una o dos más y haz lo mismo. Tienes que conseguir que el crecimiento personal y profesional se conviertan en un hábito de por vida.

No te quedes aparcado en la zona de confort.

Deja entrar a los demás en tu vida

Los resultados de innumerables investigaciones sugieren que mantener buenas relaciones con los demás es el indicador más importante de salud y bienestar mental que conocemos. Tendemos a centrar esta necesidad en forjar vínculos de pareja y, sin embargo, es arriesgado poner todas nuestras necesidades afectivas en una sola cesta.

Las relaciones pueden ser extremadamente buenas y pueden ser agobiantes. Básicamente somos una especie social a la que le gusta conectar e interactuar con otras personas. Afortunadamente, hay muchas otras maneras de canalizar nuestras necesidades afectivas y sociales.

¿Qué tipo de vida estás viviendo?

Seligman, que es una figura insigne del movimiento de la psicología positiva, va más allá del simple hecho de proponer a la gente que aprenda a pensar en positivo. Ha elaborado lo que él ve como un plan de acción para conseguir la felicidad que las personas pueden utilizar para ponerse en el camino correcto hacia una vida gratificante y satisfactoria. Seligman cree que hay tres caminos que llevan a la felicidad a los que él llama la «vida placentera», la «buena vida» y la «vida con sentido». Aunque él sugiere que algunos son mejores que otros, aunque lo ideal es una mezcla de los tres. La vida placentera considera que los placeres superficiales son la clave de la felicidad, y es eso lo que mucha gente persigue erróneamente, en su opinión. «El mayor error que cometen las personas en el Occidente próspero es fascinarse con la idea *hollywoodiana* de la felicidad, que consiste básicamente en pasarse el día riendo y sonriendo», afirma. Si bien una vida que gira en torno al placer inmediato y a la gratificación ofrece un cierto grado de felicidad, en última instancia acaba resultando poco satisfactoria, nos dice. Resulta que el dinero tampoco es la respuesta. Seligman cree que una vez conseguido lo más básico que necesitamos para vivir, como la comida y un techo para cobijarnos, el dinero que podamos añadir no incrementará mucho nuestra felicidad.

Para ser felices de verdad, afirma Seligman, tenemos que centrarnos en conseguir una buena vida y una vida con sentido. Para conseguirlo, debemos identificar lo que él llama nuestras fortalezas distintivas, que podrían ser cualquier cosa, desde la perseverancia y el liderazgo al gusto por aprender. Seligman tiene un sitio web que puedes explorar, www.authentichappiness.org, que permite realizar un test para encontrar las fortalezas distintivas de cada uno.

Seligman afirma que cuando conocemos nuestras fortalezas distintivas, utilizándolas cada vez más en nuestro día a día, nos sentiremos más felices y más satisfechos. Si aprovechamos nuestras fortalezas, afirma, la vida nos parece más gratificante y nos sumergimos por completo en lo que estamos haciendo, ya sea trabajar, tocar música o practicar un deporte, un estado que los psicólogos positivistas llaman «fluir». Utilizar nuestras fortalezas distintivas en nuestra vida profesional y personal nos ayudará a conseguir lo que Seligman llama una buena vida, mientras que aprovecharlas para ayudar a los demás nos situará en el camino correcto para conseguir una vida con sentido, afirma.

Un viaje en el tiempo[38]

Imaginar, dice la pedagoga alemana Marianne Franke-Gricksch, ayuda a percibir el mundo que nos rodea con más claridad. Esta es una de sus técnicas, sencilla y eficaz, para ensayar alguna situación que nos preocupa o por la que sentimos curiosidad.

Este viaje mental nos invita a atravesar un paisaje imaginado hasta llegar a un espacio —un hogar, un lugar de trabajo— que nos gustaría habitar. Podemos agregar a este lugar todas las salas que queramos, hasta conseguir crear un espacio donde nos sentimos bien y donde podamos realizar, en la imaginación, las actividades que deseamos.

En el centro de este sitio hay un enorme reloj. Giramos las manillas del reloj hacia atrás o hacia delante, según queramos ir al pasado o al futuro. Este ejercicio

---

38. Extraído de *Inocencia radical* (Aguilar, 2009).

permite que podamos revivir una situación difícil que tal vez no haya sido positivamente cerrada: es una oportunidad para despedirse de alguien querido, para disculparse por un error, para comprender una situación difícil. ¿Qué sentido tiene cambiar en la mente algo que ya ocurrió? Tal vez no haya que dar a la realidad más importancia de la que ya tuvo. Si salimos dañados o derrotados de una situación, ¿qué sentido tiene repetir aquello mil veces en nuestra imaginación? Es una tendencia de la mente humana, pero resulta positivo enfrentarse a ella para cerrar una situación dolorosa de forma deliberada, en vez de revivir los recuerdos dañinos que ya no nos sirven y que, sin embargo, producen consecuencias estresantes en lo físico y en lo mental. Una vez comprendida una situación negativa, resulta más constructivo soltar lastre e incorporar un nuevo final curativo a la psique.

Respecto a los viajes al futuro, ofrecen la posibilidad de ensayar situaciones que nos preocupan, o simplemente preguntarse ensayando si una determinada situación que anhelamos es en realidad la que nos hará sentir bien.

VI. SER ASERTIVO

¿Cuál es tu estilo de comunicación?

«La asertividad consiste en estar presente en una relación», según Randy Paterson, doctora en filosofía y autora de *The Assertiveness Workbook: How to Express Your Ideas and Stand Up for Yourself at Work and in Relationships*. En otras palabras, ser capaz de articular tus deseos y necesidades a la otra persona y recibir bien los suyos.

Ser asertivo es lo diametralmente opuesto a ser pasivo o agresivo. Paterson tiene una útil analogía que pone de manifiesto las diferencias. Según explica:

En el estilo pasivo, todo el mundo puede subir a escena menos tú. Tu papel es el de actuar como público y apoyar al resto del mundo.

En el estilo agresivo, puedes subir al escenario, pero pasas la mayor parte del tiempo echando a los demás, como en un combate de sumo de por vida.

Con el estilo asertivo, todo el mundo es bienvenido sobre el escenario. Tienes derecho a ser una persona plena con tu singularidad, igual que los demás.

«La asertividad implica abogar por uno mismo de un modo positivo y proactivo», afirma Joyce Marter, psicoterapeuta y propietaria de Urban Balance. También significa expresarse de forma clara, directa y honesta, afirma.

Por ejemplo, si te enfadas con tu jefe por lo que piensa de tu rendimiento, puedes expresar tu opinión de un modo diplomático y profesional, nos dice. Una vez más, esto es muy distinto de los otros estilos. Si eres pasivo puede que te tragues los sentimientos y los conviertas en rencor, lo que a la larga puede afectar a tu autoestima y crearte un gran estrés y ansiedad, afirma. Si eres agresivo, puede que maldigas en voz alta a tu jefe y te quedes sin empleo. Si eres pasivo-agresivo, puede que llames a tu jefe para decirle que estás enfermo y luego mantengas un silencio incómodo para demostrarle tu enojo.

¿Por qué unas personas son asertivas y otras no? Intervienen muchos factores y uno de ellos es el estrés. «La reacción de lucha o huida es una adaptación evolutiva que nos conduce a la agresión o a la evitación, y nos aleja de la asertividad calmada y relajada», afirma Paterson.

El sistema de creencias de una persona también tiene un papel en todo ello. Según Paterson, estas actitudes que sabotean la asertividad incluyen: «Ser amable significa llevarse bien con los demás» o «No importa si soy asertivo, nadie prestará atención de todos modos» o «¡Me dejará!», por eso es tan importante tomar conciencia de esas creencias, «[De este modo] puedes examinarlas con detenimiento y de una forma racional y decidir qué hacer».

Las personas con baja autoestima puede que se sientan poco adecuadas y que tengan dificultades para encontrar su propia voz, afirma Marter. Otros puede que teman los conflictos, perder una relación, las críticas o el rechazo.

La asertividad es una habilidad que requiere práctica

Puede que siempre te haya resultado más sencillo tragarte tus sentimientos, gritarle a alguien o recurrir al silencio como respuesta. Sin embargo, la asertividad es una estrategia más efectiva. Funciona porque te respeta a ti y respeta a los demás. Estas son unas cuantas ideas para saber cómo abordarlo:

- **Empieza poco a poco.** No intentarías escalar una montaña antes de leer un manual, de practicar en un muro de roca y luego pasar a picos más elevados. Abordar las cosas sin preparación solo te prepara para el fracaso. Paterson sugiere intentar ser asertivos en situaciones moderadamente tensas, como pedir que te sienten en otra mesa en un restaurante. A continuación, puedes ir pasando a situaciones más duras, como hablar con tu pareja sobre temas de infidelidad.
- **Aprende a decir no.** A la gente le preocupa que decir no suene egoísta, pero no lo es. En lugar de eso, fijar unos límites saludables es importante para gozar de relaciones saludables.
- **Libérate de la culpa.** Ser asertivo puede ser duro, especialmente si has sido pasivo o si te has dedica-

do a complacer a todo el mundo durante la mayor parte de tu vida. Las primeras veces puede ser algo perturbador, pero debes recordar que ser asertivo resulta esencial para tu bienestar.

En ocasiones, puede que perpetúes de forma estúpida tus sentimientos de culpa con pensamientos negativos o preocupaciones, como cuando te dices: «Soy una mala persona porque no le estoy prestando dinero a mi amigo». Recurre a un mantra positivo, como por ejemplo: «Merezco tener una estabilidad financiera y no andar siempre en la cuerda floja».

- **Respira profundamente:** También contribuye a calmar tus preocupaciones y tu ansiedad. «Cuando tomes aire deja entrar lo que necesites, paz, fuerza, serenidad, y cuando lo expulses libérate de los sentimientos de culpa, ansiedad o vergüenza.» Si aun así todavía sientes desasosiego, prueba a ponerte en la piel de un familiar o un amigo compasivo. «En ocasiones nos resulta más sencillo opinar sobre alguien a quien apreciamos que sobre nosotros mismos», sostiene Marter.
- **Expresa tus necesidades y tus sentimientos.** No asumas que alguien sabrá automáticamente lo que necesitas, eres tú quien tiene que decirlo. Una vez más, habla con concreción, claridad, sinceridad y respeto», recomienda Marter. Veamos como ejemplo cuando pedimos la comida en un restaurante. No te limitas a pedir «un bocadillo». En lugar de eso pedirías un «bocadillo de atún con queso y tomate en pan de centeno». Si te preocupa enojar a los demás, utiliza afirmaciones basadas en el «yo», puesto que la gente no tiende a adoptar una actitud

defensiva ante eso. Según Marter, en lugar de decir: «No tienes ni idea de cómo es mi vida y eres un capullo egoísta», podrías decir: «Estoy muy cansada y necesito que me ayudes con los niños».

Hablar en público

Da igual cómo seas, tímido, extrovertido, modesto o muy ambicioso: a lo largo de tu vida, habrá ocasiones en las que necesitarás defender con eficacia ideas, valores, personas o productos. A menudo, la falta de habilidades —como el miedo a hablar en público, no haber aprendido a articular un buen argumento, la timidez, la falta de práctica...— nos pueden paralizar e impedirnos lograr nuestras metas.

- Hablar en público de forma convincente es una de las habilidades más importantes que debes interiorizar para poder defender aquello que te importa. En esta ruta, vamos a ver claves para que empieces a practicar hoy mismo.
- Estas son mis cualidades.
- Estas son mis pasiones.
- En qué me gustaría trabajar en el futuro próximo.

Ahora tú. Grábate con cualquier dispositivo que tengas durante dos minutos. Centra tu discurso en estos puntos:

- ¿Qué imagen tengo de mí mismo?
- ¿Cómo creo que me ven los demás?
- ¿Cómo me gustaría que me viesen los demás?
- ¿Qué puedo cambiar para mejorar mi imagen?
- ¿Qué quiero transmitir?

Repite tu discurso mentalmente, imaginando en tu cabeza que tienes delante a un público que te está mirando. Practica cómo relajarte y hablar con elocuencia en tu imaginación hasta que logres sentirte más seguro.

¿Descubre tus motivadores?[39]

Los *drivers* o motivadores conforman nuestros patrones internos. Influyen en nuestra manera de pensar, de sentir y de comportarnos. Como tantos otros patrones internos, se remontan a la infancia; básicamente representan las voces de autoridades externas (sobre todo las de nuestros padres, pero también las de nuestros maestros, otras personas importantes en la sociedad en general). Paso a paso, tendemos a interiorizar las exigencias y expectativas de esas autoridades hasta el punto de que pasan a ser una parte integrante de nuestro ser.

Como niños, dependemos por completo del amor y el cariño de nuestros padres y de otras personas importantes, por lo que tenemos una antena bien sintonizada para saber qué conductas significan una recompensa y cuáles ponen en peligro el amor y el cariño que tanto deseamos. Según el entorno de nuestra infancia estamos expuestos a diferentes exigencias, de las que derivarán nuestros motivadores personales, por así decirlo. Se trata de un proceso que tiene lugar sin que nos demos cuenta, y ese es precisamente el problema: mientras no seamos cons-

---

39. Irene Fernández Metti, a quien está dedicado este libro, me introdujo en la teoría de los motivadores (*drivers*, en inglés). Conocer qué motivadores te mueven, y qué antídotos puedes aplicarles podría resultarte muy útil. Me gusta particularmente esta explicación sobre los motivadores de la psicóloga Felicitas Heyne: www.ipersonic.com.

cientes de cuáles son nuestros motivadores, es obvio que seremos incapaces de contradecirlos. En el peor de los casos, seguimos actuando de forma automática a partir de muchos mensajes de nuestros padres que se habrán vuelto obsoletos para nosotros en tanto que adultos o que simplemente no son adecuados aquí y ahora.

El analista de transacciones estadounidense Taibi Kahler extrapoló cinco motivadores que se consideran típicos:

1. El motivador ¡Sé fuerte!
2. El motivador ¡Sé perfecto/a!
3. El motivador ¡Complace a los demás!
4. El motivador ¡Date prisa!
5. El motivador ¡Esfuérzate!

A primera vista, todos suenan bastante severos e intimidan bastante, ¿verdad? Y las primeras asociaciones que habrás hecho probablemente son más negativas que positivas. Sin embargo, igual que todo en la vida, los motivadores sin duda tienen dos caras: es evidente que si se les da rienda suelta y se permite que dominen tu vida por completo pueden provocarte mucho estrés e infelicidad. Por otro lado, cada uno de esos motivadores también representa un recurso interno muy importante que probablemente te habrá servido para conseguir cosas en la vida que de otro modo no habrían estado a tu alcance. Por consiguiente, la solución no pasa por eliminar por completo los motivadores de tu vida, ¡eso sería fatídico! Al fin y al cabo, básicamente actúan con la mejor de las intenciones, no puedes permitir que suelten las riendas del todo. Para conseguir dominarlos, lo primero que hay que hacer es identificarlos dentro de ti y familiarizarte con ellos. ¿Con cuál te identificas?

El motivador ¡Sé fuerte!

- Su mensaje: ¡Aprieta los dientes! ¡No demuestres tus emociones! ¡Mantén la compostura!
- Su objetivo: la seguridad solo se encuentra en la independencia, y por consiguiente deben evitarse las dependencias y vulnerabilidades.
- Su aspecto positivo: te aporta fuerza.

El motivador ¡Sé perfecto/a!

- Su mensaje: ¡No cometas errores!
- Su objetivo: solo el máximo control sobre la gente y las cosas te asegurará su reconocimiento, por lo que debes evitar cometer errores.
- Su aspecto positivo: ¡sentido de la perfección!

El motivador ¡Complace a los demás!

- Su mensaje: ¡Sé amable siempre! ¡Acéptalo todo!
- Su objetivo: solo recibirás afecto si complaces a los demás; por consiguiente, nunca digas «no».
- Su aspecto positivo: ¡sensible y consciente!

El motivador ¡Date prisa!

- Su mensaje: ¡Mira siempre hacia delante! ¡Continúa»!
- Su objetivo: ¡Date prisa y no te pierdas nada importante!
- Su aspecto positivo: ¡Alta disposición a la actividad y al rendimiento!

El motivador ¡Esfuérzate!

- Su mensaje: ¡Esfuérzate al máximo! ¡Las cosas difíciles son las únicas que valen la pena en tu vida!
- Su objetivo: solo el máximo esfuerzo te asegurará el éxito!

- Su aspecto positivo: ¡Mantienes la fuerza y la perseverancia!

Ya te habrás dado cuenta de que los motivadores en realidad no te quieren ningún mal. Al contrario: quieren proporcionarte seguridad, reconocimiento, afecto, éxito y asegurarse de que no te pierdes nada importante. No está mal, ¿no? Y en muchos aspectos estos motivadores son recursos importantes. Las cosas se ponen difíciles cuando permites que tomen el control por completo. Porque en esas situaciones, de un modo subconsciente te sugieren: solo estarás bien (es decir, gustarás) y merecerás afecto si cumples con nuestras expectativas. Eso puede tener como resultado sistemas de creencias fatídicos como los siguientes:

El motivador ¡Sé fuerte!
Sistema de creencias resultante: ¡Siempre tengo que esperar y prepararme para lo peor! ¡Siempre tengo que ser fuerte e invulnerable! ¡No puedo confiar en nadie!

El motivador ¡Sé perfecto/a!
Sistema de creencias resultante: siendo simplemente yo mismo no le resultaré interesante a nadie. ¡Tengo que demostrar un rendimiento perfecto para merecer amor y aprecio!

El motivador ¡Complace a los demás!
Sistema de creencias resultante: siendo simplemente yo mismo/a no soy importante, no valgo nada y no tengo derecho a nada. ¡Para conseguir ser alguien tengo que ocuparme del bienestar de los demás!

El motivador ¡Date prisa!

Sistema de creencias resultante: puesto que nadie se interesa por mí, no me permito tener mi propio espacio y mi tiempo para mí. ¡Siempre me pierdo las cosas importantes de la vida!

El motivador ¡Esfuérzate!

Sistema de creencias resultante: no sé hacer nada realmente bien. No consigo acabar nada a menos que me esfuerce muchísimo, ¡y ni siquiera de ese modo consigo terminar muchas cosas!

¿Has identificado en ti alguno de estos motivadores de forma espontánea? ¿Tal vez más de uno? Para facilitarte un poco las cosas, a continuación encontrarás cinco afirmaciones típicas de cada motivador. ¿Cuáles te resultan familiares?

El motivador ¡Sé fuerte! Afirmaciones típicas:
- En la mayoría de los casos, me encargo de hacerlo yo todo.
- Hay pocas personas en las que confíe realmente.
- Mi lema es: «¡A nadie le importa cómo me siento!».
- Tengo que estar bastante enfermo/a para no ir a trabajar y quedarme en casa.
- Nada me sorprende con facilidad.

El motivador ¡Sé perfecto/a! Afirmaciones típicas:
- Cuando hago algo es de forma meticulosa y precisa.
- No me gusta cuando el trabajo de los demás es más descuidado que el mío.
- Normalmente no estoy satisfecho cuando termino un trabajo, siempre veo margen de mejora.

- Ser mejor que los demás es importante para mí.
- Mi expresión facial es más bien tranquila y concentrada.

El motivador ¡Complace a los demás! Afirmaciones típicas:

- Tengo problemas para decir que no.
- Me parece más importante notar que me aceptan que luchar por mis intereses.
- Asiento con la cabeza a menudo.
- Los comentarios positivos de los demás son muy importantes para mí, si me faltan me siento insatisfecho/a conmigo mismo/a.
- Siempre intento ser tan diplomático/a como sea posible.

El motivador ¡Date prisa! Afirmaciones típicas:

- Siempre estoy en movimiento, haciendo algo.
- ¡El tiempo es oro!
- A menudo interrumpo a los demás cuando se extienden demasiado al explicar algo.
- A menudo estoy haciendo varias cosas a la vez.
- Como miembro de un grupo, suelo ser el motor que los hace avanzar a todos.

El motivador ¡Esfuérzate! Afirmaciones típicas:

- «¡Puedes hacerlo si te esfuerzas lo suficiente durante el tiempo suficiente!», ese es mi lema.
- Hay que aplicarse al máximo para tener éxito.
- Cuando empiezo algo es para terminarlo.
- Al final del día, a menudo tengo la sensación de que no he podido terminar todo el trabajo que he asumido.
- Lo de abordar el día sobre la marcha no es para mí.

Espero que a estas alturas hayáis identificado bastante bien vuestros motivadores, puesto que ese es el primer paso para preguntaros quién lleva las riendas de vuestra vida. Pronto descubriréis cómo manejar vuestros motivadores en el caso de que se hayan consolidado demasiado en vuestro interior.

Lo que vamos a hacer ahora es tratar cada uno de estos caracteres por separado y ver cómo podemos controlarlos. Cada motivador tiene un opuesto interno al que llamaremos «facilitador» (también podríamos llamarlo observador o compañero próximo; puedes elegir la denominación que prefieras). Su voz también vive en tu interior, igual que la del motivador, solo que seguramente es mucho más débil y en ocasiones resulta casi inaudible debido a que la enorme potencia de la voz de tu motivador ahoga la del facilitador. Tu misión consiste ahora en reafirmar el papel de tu facilitador y al mismo tiempo reducir la presencia excesivamente autoritaria de tu motivador.

Para empezar con algunas cuestiones, puedes preguntarte quién es tu motivador preferido:

- ¿Cuáles son las situaciones en las que tu motivador preferido se encuentra más activo? ¿Cuáles son los estímulos que los activan de inmediato?
- Tu(s) motivador(es) se remonta(n) a la infancia. De un modo desapasionado, piensa en ellos con perspectiva: ¿hasta qué punto y grado sigue(n) siendo válido(s) en tu vida?
- ¿Qué ocurriría si tuvieras que soltar las manos del volante y dejar que tu motivador interior guiara tu vida por completo?
- ¿Qué ocurriría si tuvieras que eliminar por completo ese motivador interior de tu vida?

- ¿Has vivido situaciones en las que hayas dosificado «correctamente» el efecto de tu motivador interior? ¿Cómo lo conseguiste? ¿Podrías hacerlo de nuevo?

Y ahora, respecto a tu motivador preferido:

1. El motivador ¡Sé fuerte!

Este motivador lleva implícito el mensaje de que debes gestionar y cumplir con todo sin ayuda, sea como sea. Según él, la necesidad de ayuda crea dependencias y eso debe evitarse a toda costa. Te obliga a apretar los dientes para no mostrar debilidad alguna y tener controlados tus sentimientos en todo momento. Su ventaja: te dota de una gran fuerza y prudencia.

Afirmaciones que tu facilitador interno podría utilizar para responder a este motivador:

- Puedo ser abierto.
- Puedo confiar.
- Puedo compartir mis deseos con los demás.
- Puedo pedir ayuda y aceptarla.
- Demostrar lo que siento está permitido y demuestra mi fortaleza.

Unos cuantos puntos importantes más respecto a este motivador:

- Obsérvate en el día a día y elabora un registro consciente de la frecuencia con la que dejas a un lado los sentimientos y te obligas a anularlos. Al menos de vez en cuando, intenta dejar que esos sentimientos afloren.
- Una vez a la semana pídele a alguien que te ayude en algo que podrías hacer solo/a sin problemas.

- Varias veces al día, haz una pausa y «escanea tu cuerpo» rápidamente: comprueba mentalmente todos tus grupos musculares uno a uno, de arriba abajo. ¿Cuáles notas tensos? ¿En qué partes sientes rigidez?, ¿en qué partes sientes que estás en una postura relajada?
- Sonríe con frecuencia aunque no haya ningún motivo aparente.
- Toma lecciones de canto, apúntate a un coro o canta cada mañana en voz alta, aunque solo sea en la ducha.

2. El motivador ¡Sé perfecto/a!

Este motivador requiere una perfección constante y una superación continua de los objetivos que te hayas marcado. No te permite hacer las cosas simplemente «bien» o de forma «satisfactoria», ni tener una visión relajada de las cosas. Los errores son una catástrofe y por consiguiente deben evitarse a toda costa. Por otro lado, también resulta útil cuando se trata de terminar las tareas de un modo cuidadoso y preciso.

Afirmaciones que tu facilitador interno podría utilizar para responder a este motivador:

- Puedo cometer errores y aprender de ellos.
- En ocasiones, un 90 por ciento es totalmente suficiente.
- Me siento bien como estoy.
- Hago lo que puedo y eso es suficiente.
- Me quieren tal como soy.

Unos cuantos puntos importantes más respecto a este motivador:

- En tu día a día, presta atención a la frecuencia con la que tiendes a justificarte o a situarte en la zona de seguridad y a anticiparte a críticas potenciales acerca de lo que estés haciendo antes incluso de que alguien tenga la oportunidad de abrir la boca. Intenta reprimir ese impulso de vez en cuando. Fíjate en si tienes tendencia a criticar a los demás y de vez en cuando intenta reprimir ese impulso también. ¿Cómo cambia eso tus relaciones sociales?
- Una vez por semana, no hagas algo tan bien como podrías, o interrumpe una tarea poco antes de terminarla. Aborda de forma consciente el sentimiento que eso desencadena en ti.
- Varias veces al día, haz una pausa y «escanea tu cuerpo» rápidamente: comprueba mentalmente todos tus grupos musculares uno a uno, de arriba abajo. ¿Cuáles notas tensos? ¿En qué partes sientes rigidez?, ¿en qué partes sientes que estás en una postura relajada?
- Sonríe con frecuencia aunque no haya ningún motivo aparente.

3. El motivador ¡Complace a los demás!

Este motivador te convence de que los demás son más importantes que tú. Aún más, te susurra al oído que eres el responsable del bienestar de todos los que te rodean. Te prohíbe tratar de forma adecuada tus necesidades y deseos. En un sentido positivo, te ayuda a mantener una buena relación con los demás y a cuidar de ellos.

Afirmaciones que tu facilitador interno podría utilizar para responder a este motivador:

- Puedo tomarme en serio mis necesidades y mi opinión sobre las cosas.

- Puedo tener expectativas de mí mismo/a.
- Me siento bien incluso si alguien no se siente satisfecho/a conmigo. No es el fin del mundo.
- Puedo hacer cosas por gusto.

Unos cuantos puntos importantes más respecto a este motivador:

- Durante tu día a día, obsérvate mientras hablas con la gente. ¿Con qué frecuencia asientes con una sonrisa y le dedicas otros gestos de reconocimiento a tu interlocutor? ¿Podrías reprimir esos impulsos de vez en cuando?
- Concéntrate en tu manera de expresarte. ¿Con qué frecuencia utilizas frases interrogativas cuando tu intención era sugerir algo o expresar tu opinión? Como por ejemplo: «¿No deberíamos ir a la cafetería del mercado, hoy?». ¿Con qué frecuencia sigues mitigando lo que estás diciendo utilizando frases como «Está bastante lejos, o sea que...» o «Puede que me equivoque, pero creo que...». Intenta decir o pedir las cosas de un modo directo de vez en cuando.
- Durante la siguiente situación de grupo, en la que el líder cree un silencio incómodo cuando haga una pregunta, quédate en silencio. Espera a que sea otra persona quien levante la mano.
- Una vez a la semana, rechaza algo que te pidan aunque pudieras cumplirlo si te lo propusieras.
- Tres veces al día, interrumpe lo que estés haciendo y pregúntate: «Si solo dependiera de mí, ¿seguiría haciendo lo que estoy haciendo?».

4. El motivador ¡Date prisa!

Este motivador te obliga a hacerlo todo rápidamente. No solo te prohíbe hacer las cosas poco a poco, sino que además te impide disfrutar del presente. De ese modo evita que te sumerjas por completo en las cosas y, de algún modo, cuando hablas con los demás no permite que te acerques de verdad. La buena noticia es que también es la base de tu capacidad de decisión y de tu eficacia.

Afirmaciones que tu facilitador interno podría utilizar para responder a este motivador:

- Mi tiempo me pertenece.
- Puedo tomarme el tiempo que haga falta.
- Puedo hacer pausas.
- En ocasiones está bien que las cosas se retrasen un poco.
- Puedo hacerme concesiones respecto a mi ritmo y adaptarme a cómo transcurre el día.

Unos cuantos puntos importantes más respecto a este motivador:

- Obsérvate en el día a día, o grábate en vídeo o la voz cuando hables con los demás. ¿Hablas demasiado rápido, de forma entrecortada o sin interrupciones? Intenta moderar de forma consciente el ritmo de tu discurso. ¿Con qué frecuencia utilizas palabras y expresiones que denotan prisa y ritmo, como «rápidamente», «tan pronto como sea posible», «enseguida», etc.? ¿Con qué frecuencia interrumpes a los demás cuando están hablando? ¿Puedes reprimir esos impulsos?
- Echa una ojeada a las últimas semanas y meses en tu agenda. ¿Ha habido también días libres, períodos sin ninguna entrada? ¿Hay fases de ocio y recreo, o saltas de una actividad a la siguiente sin hacer pausas? Anota los cambios cuando empieces

a insertar de forma consciente períodos de inactividad en tu día a día.

- La próxima vez que no te encuentres bien pero que en condiciones normales acudirías al trabajo de todos modos, quédate en casa. Disfruta de un día de ocio en la cama. Durante dos o tres semanas, comprueba tu presión arterial varias veces al día. ¿Es demasiado elevada? Habla con tu médico de cabecera.

5. El motivador ¡Esfuérzate!

Este motivador te convence para que creas que solo valen la pena y merecen reconocimiento las cosas que has conseguido con mucho esfuerzo. Te anima a no relajarte jamás, a no dejar de esforzarte y a no abandonar de forma prematura. Bajo esa influencia, no te permites relajarte ni disfrutar de los frutos de tu trabajo. Su aspecto positivo: es la fuente de tu extraordinaria perseverancia y capacidad de resistencia.

Afirmaciones que tu facilitador interno podría utilizar para responder a este motivador:

- Mi vigor me pertenece.
- Puedo aceptar ayuda.
- Puedo disfrutar y terminar lo que estoy haciendo a placer.
- Lo que se termina sin esfuerzo también puede resultar divertido y valer la pena.
- Puedo tomarme un respiro y disfrutar de mis logros.

Unos cuantos puntos importantes más respecto a este motivador:

- En tu día a día, de vez en cuando escúchate a ti mismo/a. ¿Con qué frecuencia utilizas expresiones como «Si me esfuerzo...», «Podría intentar...», «Eso será difícil, pero...»? Pregúntate qué intentas conseguir y si no podrías pasar sin ello.

- Dos veces por semana, elige a una persona y pídele que te ayude en una tarea que en realidad podrías completar tú solo/a.
- Cierra los ojos y piensa en conceptos como «fácil» y «lúdico». ¿Los asocias con algo de forma inmediata? Una imagen, un animal, una pieza musical, un recuerdo concreto o algo completamente distinto? Busca un objeto que para ti simbolice esa asociación y ponlo sobre tu mesa o en algún otro sitio en el que puedas verlo varias veces al día. Se supone que te recordará tu nuevo mantra, a saber, que las cosas sencillas también tienen su valor.
- Durante dos o tres semanas comprueba tu presión arterial varias veces al día. ¿Es demasiado elevada? Habla con tu médico de cabecera.
- Interrumpe lo que estés haciendo tres o cuatro veces al día y concéntrate en tu garganta, tu cuello y en los músculos de tus hombros. ¿Están tensos y rígidos? Disfruta de un masaje y pídele a quien te lo haga que también te relaje los músculos que rodean el esternón, además de los mencionados (apuesto a que esos también están tensos).

VII. Estrategias para comprender y gestionar la ira

La psiquiatra Judith Orloff dice que el estrés acumulado es un factor que potencia la ira: «Ese es el motivo por el que tu carácter puede aflorar más fácilmente tras un día lleno de frustraciones». Otro factor es vivir presa de la ira y el resentimiento: «Cuando la ira pasa a ser crónica, el cortisol, la hormona del estrés, pasa a consumirse de forma más lenta. Permanecer en ese estado aumenta tu susceptibilidad y saltas con rapidez».[40] «Por consiguiente, la valiosa lección que nos ofrece nuestra biología es la necesidad de romper cuanto antes el ciclo de hostilidad, y que preocuparse por el pasado es peligroso para tu bienestar. La ira es intensamente física y puede tener un origen primario. Cuando te enfadas, tu cuerpo amigdalino (el centro emocional del cerebro) estimula la segregación de adrenalina. Te sobreviene una avalancha de energía que te impulsa a luchar. La sangre te fluye hasta las manos para que te resulte más sencillo asir un arma, el corazón te late más deprisa, respiras con más intensidad, se te dilatan las pupilas, sudas y, en ese estado cargado de adrenalina, la hostilidad aumenta. En un sentido meramente orientado a la supervivencia, el deseo es el de dominar y contraatacar para protegerte y evitar que te sigan explotando. La ira es uno de los impulsos más claros de control debido a su valor evolutivo de defensa ante un peligro.»

Orloff distingue entre la ira sana y la ira dañina: «La ira puede ser una reacción sana ante la injusticia, como cuando las culturas luchan por liberarse de regímenes represivos. La ira une a la gente. Crea energía y motivación para rebelarse contra sistemas políticos o sociales que no funcionan como deberían. También motiva a los grupos a hacer huelga, por ejemplo, para conseguir unos sueldos más altos bien merecidos o para defender los derechos humanos. A nivel personal, la ira puede ser buena si se expresa de un modo centrado y saludable en

---

40. Las investigaciones han demostrado que la ira se retroalimenta. El efecto es acumulativo: cada episodio de ira se basa en el impulso hormonal del momento anterior.

lugar de utilizarla como arma para castigar o hacer daño a los demás. No obstante, la ira tampoco es la respuesta. La investigación también revela que los que guardan silencio durante una disputa conyugal tienen más posibilidades de morir de un ataque al corazón o de sufrir enfermedades derivadas del estrés que los que dicen lo que piensan. Para una salud óptima, debes dirigir la ira que sientes. Lo importante es desarrollar estrategias para expresar la ira que no sean nocivas para tu cuerpo. De lo contrario, tendrás una especial predisposición para las migrañas, el síndrome del colon irritable o el dolor crónico, dolencias que pueden exacerbarse por la tensión. O también puedes provocarte una subida de tensión y contraer tus vasos sanguíneos, lo que comprometería el flujo de sangre hacia el corazón.[41]

Cuatro consejos para no dejarse secuestrar por la ira:[42]

1. Ante un enfado, detente un momento y cuenta hasta diez poco a poco.

Para compensar la subida de adrenalina que te produce la ira, aprende a no reaccionar de forma impulsiva. Espera un poco antes de hablar. Respira hondo unas cuantas veces y, muy poco a poco, cuenta hasta diez (o hasta quince, si es necesario). Aprovecha ese momento

41. Un estudio de John Hopkins demuestra que los hombres jóvenes que suelen reaccionar ante el estrés con ira tienen más tendencia que sus parejas más calmadas a sufrir un ataque al corazón precoz, incluso si no hay antecedentes en la familia.
42. Adaptado del superventas *Emotional Freedom: Liberate Yourself From Negative Emotions and Transform Your Life*, de Judith Orloff, psiquiatra en la UCLA.

de respiro para recomponerte antes de decidir qué harás y para no decir nada de lo que puedas arrepentirte posteriormente.

2. Tómate un tiempo para enfriar la situación.
Para seguir calmando tus neurotransmisores, tómate una larga pausa de varias horas o incluso más larga. Cuando sientas rabia, retírate a un entorno tranquilo para rebajar tu nivel de estrés. Reduce la estimulación externa, baja la luz, escucha música suave, medita, practica algún ejercicio aeróbico o yoga para eliminar la ira de tu sistema.

3. No des rienda suelta a la ira cuando te hayas acelerado.
Asegúrate de que tienes el tiempo suficiente para identificar qué es lo que te ha hecho enfadar. Un estudio de Princeton descubrió que ni siquiera después de haber oído una lección sobre el buen samaritano los estudiantes de teología se detenían a ayudar a una persona en apuros que encontraban por la calle porque pensaban que llegaban tarde a la clase siguiente. Por consiguiente, distribuir el tiempo con tranquilidad para resolver el conflicto te permitirá dar con la respuesta más compasiva.

4. No des rienda suelta a tu ira cuando sientas cansancio o antes de acostarte.
Puesto que la ira acelera tu sistema, puede interferir en un sueño reparador y causar insomnio. Tienes el cerebro hecho polvo, es mejor examinar antes esa ira que sientes para que la adrenalina tenga el tiempo necesario para bajar. Además, si has descansado bien tendrás una menor tendencia a reaccionar con irritación y podrás mantener mejor una posición equilibrada.

El objetivo con la ira es apoderarte del momento para que no sea la emoción la que se apodere de ti. En ese caso podrás responder de forma consciente en lugar de limitarte a reaccionar. Tendrás la lucidez necesaria para buscar una solución y, por consiguiente, fortalecer tu relación con los demás.

Visualización del semáforo

Para calmar la ira, prueba esta eficaz visualización: imagina que estás frente a un semáforo. Cuando empiezas a ver que te enfadas, se enciende la luz roja para recordarte que debes detenerte, respirar, hacer una pausa, pensar, analizar la situación, reflexionar sobre las diferentes opciones, respirar (de nuevo); a continuación verás la luz ámbar parpadeando mientras eliges cómo actuarás (selecciona la «marcha» metafórica que piensas engranar) y luego verás cómo se enciende la luz verde para que puedas avanzar con cuidado y tranquilidad.

UN EPÍLOGO AGRADECIDO

Hemos llegado a las últimas páginas de este libro. No sé cómo habrás llegado tú. Yo he llegado como he podido, algo magullada, si me permites contártelo. Mientras recorríamos este camino juntos, he perdido a una persona querida. Decía un poeta que cuando te falta un solo ser todo queda despoblado, y porque he sentido ese vacío no me ha sido fácil llegar hasta aquí. Sin embargo, me he aplicado buena parte de lo que te he sugerido en las páginas anteriores y, aunque haya llegado cojeando, aquí me tienes, con una sonrisa, porque te siento al otro lado de estas líneas. Gracias a ti he logrado conectarme de nuevo con el resto del mundo, recordar que no estamos solos, que nos necesitamos. Así que te he dedicado toda mi atención, aunque a ratos haya tenido que perseguirla. Pero la atención plena, como veíamos hace poco, es una forma de amor.

A lo largo de estas páginas he querido descubrir contigo algunos de los principales engranajes que mueven nuestra sociedad. Son como placas tectónicas sobre las que nos toca caminar esquivando las fisuras y manteniendo el equilibrio de alguna manera. ¿Te ha interesado? ¿Lo ves ahora un poco más claro? En tus manos he puesto nuestro mapa social: sus ríos y montañas configuran patrones grabados en el inconsciente colectivo —y en el tuyo individual—, y con ellos alimentas los hábitos y las costumbres que día a día determinan cómo vives, tomas decisiones y tratas a los demás.

En estas páginas hemos recordado que somos extraordinariamente vulnerables a los demás; que a lo largo de nuestra vida repetimos las formas de amar y de rechazar que aprendemos en la infancia; que tenemos, sobre todo, miedo al rechazo. Y que a pesar de nuestras flamantes redes de comunicación, estamos inmersos en una paradójica epidemia de soledad que tiene un impacto enorme en nuestra salud física y mental.

Y es que las emociones no son un simple lujo biológico. Por ello, espero haberte contagiado la certeza de que tu fuerza y tu salud mental dependen sobre todo de tu capacidad de gestionarlas para poder colaborar y conectar con los demás. Afortunadamente, eso está en tus manos.

Da igual que tu vida y tus opciones sean ambiciosas o modestas; en cualquier caso, te estás enfrentando a un abanico cada vez mayor de nuevas elecciones. ¡No te dejes intimidar! Disfrútalo. Para ello, haz del sentido del humor tu tabla de salvación: algo tan sencillo como la risa y el buen humor también se entrenan, y nuestro libro tiene varias sugerencias en este sentido. Por encima de todo, no dejes que la tristeza o el cinismo te apaguen. Si logras renovar tus fuerzas, como hemos trabajado en el capítulo 4, después de cada obstáculo podrás retomar el camino, y aunque te hayas llevado algún golpe, serás un poco más sabio y un poco más compasivo.

No pierdas nunca la curiosidad, porque nuestro siglo avanza a un ritmo vertiginoso. La misma descentralización y democratización que han invadido los procesos de innovación, fabricación y distribución están llegando al resto del mundo. Estamos cambiando casi todas las formas de hacer las cosas. También el cuerpo y la mente

son, y serán, cada vez más programables, mental y físicamente. La tecnología puede ser una magnífica expresión
de nuestra humanidad, de nuestra capacidad para adaptarnos y colaborar. Los más optimistas predicen que en
una década tendremos ordenadores capaces de simular
el cerebro humano, cuidadores, amantes y amigos insos-
pechados. Sabremos corregir los defectos de los genes
que nos predisponen a la demencia o al cáncer. Mejora-
remos nuestro cuerpo por medio de dispositivos no biológicos, crearemos otros capaces de reemplazar nuestros
órganos, fortaleceremos nuestro sistema inmune. Los
más entusiastas dicen que ya han nacido los primeros
humanos que lograrán vivir mil años. No necesitamos
tanto tiempo para reclamar el derecho al bienestar mental y social.

No es este un mundo para ciudadanos pasivos. Para
elegir y transformar, reemplazaremos los antiguos mandamientos por nuestros propios instrumentos de cambio, como el autocontrol, la empatía, la razón y la compasión. Todos ellos son, afortunadamente, entrenables.
Y para entrenarte en positivo, disfruta, viaja, conoce,
descubre y ponte en la piel de los demás. Dales a tus palabras y a tu vida la importancia que tienen para los demás. Evita el daño que hacemos con las ausencias, la indiferencia o la ignorancia. Fabrica un mundo a tu
alrededor donde no haya tiempo ni espacio para el tribalismo y la exclusión. Contagiarás a muchos y podrás así
ir al encuentro de los demás, de todos los demás.

Y ahora me toca dar más gracias. A aquellos que, de
manera muy directa, me han ayudado para que este libro
esté hoy en tus manos, mi equipo editorial: Con Emili
Rosales al frente, siempre inteligente, positivo y de buen
humor. Con la chispeante Alba y su simpática habilidad
para hacerme hacer cosas que a veces no quiero; con

Sandra Oñate, a la que agradezco su paciencia y las largas horas de revisión; y con Rosa Maria Prats, que hace tan bien su trabajo de sugerir mejoras al texto. Y quiero dar también las gracias a Paco Barrera y su equipo, por el enérgico, eficaz y afectuoso apoyo que, día tras día, han sabido darme.

Gracias también a mis amigos y a los colaboradores del Laboratorio de Aprendizaje Social y Emocional, que han tenido la comprensión para entender el largo, exhaustivo e intenso proceso que me ha supuesto la redacción de estas páginas.

Finalmente, quiero dejar constancia de mi casi eterno agradecimiento a mis hijas por su alegría, ternura, inspiración, y por esforzarse en dejarme trabajar. Y a Francesc, porque solo él sabe lo que su presencia y apoyo han supuesto en estos meses para mí.

302
Punset, Elsa
El mundo en tus manos

DUE DATE **MCN** 03/15 **19.95**
